Christian Schertz
Dominik Höch

Privat war gestern

Christian Schertz
Dominik Höch

Privat war gestern

Wie Medien und Internet unsere Werte zerstören

Ullstein

ISBN: 978-3-550-08862-9

Lektorat: Claudia Schlottmann
Gesetzt aus der Sabon
Satz: Pinkuin Satz und Datentechnik, Berlin
Druck und Bindearbeiten: Bercker, Kevelaer
Printed in Germany

»Weblogs sind die Klowände des Internets.«
Jean-Remy von Matt (2004)

»The age of privacy is over.«
Facebook-Gründer Mark Zuckerberg (2010)

»Wir neigen zur Dramatisierung: Was heute Schnee-Chaos heißt, nannte man früher Winter.«
Wolfgang Bosbach (2010)

»Der Mensch ist das Maß aller Dinge.«
Protagoras († 411 v. Chr)

Inhalt

Vorwort

Am 21. März 2011 schlug eine Horde Jugendlicher in der Nähe eines U-Bahnhofs im Berliner Stadtteil Wedding einen Siebzehnjährigen brutal zusammen. Der Schüler erlitt schwerste Kopfverletzungen und musste längere Zeit im Krankenhaus behandelt werden. Die Täter waren zwischen vierzehn und achtzehn Jahren alt. Was zunächst nach einem – leider alltäglichen – handfesten Streit unter Jugendlichen aussah, entpuppte sich als reales Nachspiel eines virtuellen Mobbings. Die Freundin des Opfers war zuvor über einen längeren Zeitraum auf einer Hassseite im Internet aufs Übelste beschimpft und mit beleidigenden Sprüchen regelrecht verfolgt worden. Aus der Detailkenntnis, über die die Verfasser dieser Schmähbotschaften verfügten, schloss das Mädchen, dass es sich um Mitschülerinnen handeln musste, und wollte diese gemeinsam mit ihrem Freund zur Rede stellen. Doch aus dem klärenden Gespräch wurde nichts. Der Siebzehnjährige wurde von angeblich bis zu zwanzig Jugendlichen, die die Mitschülerinnen mutmaßlich als Verstärkung hinzugeholt haben sollen, auf einen Parkplatz gezerrt und übel zugerichtet. Soweit bekannt, handelt es sich hier um den ersten Fall in Deutschland, bei dem ein »Dissen«, also Diffamieren, im Netz zu einem realen Gewaltausbruch mit schwerwiegenden Verletzungen geführt hat.

Der Fall illustriert die Verrohung, die wir täglich im Netz sehen: Private Streitereien werden auf der »Weltbühne« Internet ausgetragen. Vor allem aber verweist er auf einen Teilaspekt einer gefährlichen Entwicklung: Mit dem Schutz unserer Privatsphäre geht es bergab. Teils bewusst, teils unbewusst teilen wir persönliche und sogar intime Details mit Millionen anderer Menschen; das Fernsehen lebt von all denen, die ihr Schicksal, ihre Probleme oder Talente via Reality-Seifenoper oder Castingshow zur besten Sendezeit offenlegen. Ins Fernsehen wollen viele, oftmals ahnen sie jedoch nicht, dass die Sender nur an ihnen verdienen wollen und keine Scheu haben, sie vorzuführen.

Zigmillionen Deutsche haben Profile bei Facebook, studiVZ und anderen sozialen Netzwerken. Hunderte von Millionen Fotos aus dem Urlaub, von Weihnachtsfeiern und Betriebsausflügen haben sie in sogenannten Webalben bei Picasa oder Flickr eingestellt. Ein paar Klicks – und der Urlaub steht für alle Welt sichtbar online. Es ist so einfach, dass sich kaum jemand Gedanken darüber macht. Das böse Erwachen kommt später: bei der Bewerbung für einen neuen Job, wo die Saufgelage vom Ballermann nicht so gut ankommen, oder auch bei Schicksalsschlägen. Schon jetzt gibt es viele Fälle, in denen Opfer von Verkehrsunfällen, Überfällen oder Naturkatastrophen anschließend auch noch zu Medienopfern wurden – und das nur, weil sie mit ihren persönlichen Daten lax umgegangen waren und private Fotos für jeden zugänglich ins Internet gestellt hatten.

Boulevardmedien schrecken nicht davor zurück, solche Bilder für eine Schlagzeilengeschichte oder einen reißerisch gemachten Fernsehbeitrag zu verwenden. In der Medienbranche ist es kein Geheimnis, wie die »Recherchen« nach Unglücksfällen ablaufen: Hat sich zum

Beispiel ein schwerer Verkehrsunfall ereignet, findet der gewiefte Boulevardreporter mit wenigen Anrufen bei Kfz-Zulassungsstellen oder befreundeten Polizisten in kurzer Zeit heraus, wer der Halter und/oder Fahrer des Unglücksautos war. Anschließend versucht der Reporter, an Fotos der Unfallbeteiligten zu kommen, wozu heute häufig schon eine Google-Suche nach dem Namen des Verletzten oder Getöteten genügt. Viele Familien betreiben private Homepages, auf denen von Opa bis Enkel alle mit Fotos, Hobbys und Geburtsdaten vertreten sind. Recherchierenden Journalisten liefern sie auf die Art ganze Persönlichkeitsprofile frei Haus. Der Zwanzigjährige, der seinen Golf GTI nachts gegen einen Baum setzt und auf seiner Facebook-Seite als Hobbys »Drachenfliegen, Mountainbiken und Snowboard-Fahren« angegeben hat, wird für den Boulevard leicht zum »Draufgänger, der das Risiko liebte«. Auch dann, wenn bei dem Auto vielleicht einfach nur die Bremsen versagt haben. Finden sich zu den Fotos keine privaten Informationen, lässt sich der Journalist im schlechtesten Fall Details einfallen, die zu dem Opfer passen könnten. Solche Internetrecherchen im Privatleben völlig unbekannter Personen stellen heute einen wachsenden Informationspool für Boulevardjournalisten dar. Das Opfer oder dessen Angehörige fragt vorher selbstverständlich niemand.

In Streitfällen, in denen Betroffene oder ihre Angehörigen gegen diese zusätzliche Traumatisierung klagen, kommen die Medien regelmäßig mit dem Argument, dass die Beteiligten ja bereits auf einen Teil ihrer Privatsphäre, also des eigentlich geschützten Lebensbereichs, der sich in der eigenen Wohnung und in der Freizeit abspielt, verzichtet hätten, indem sie die Dinge ins Internet stellten.

Dies haben die deutschen Gerichte in aller Regel bisher glücklicherweise nicht so gesehen, sondern die Medien in einigen den Autoren bekannten Fällen zu Schmerzensgeld verurteilt. Eine Privatperson kann nach dem Gesetz in Deutschland – bis auf wenige Ausnahmen – alleine entscheiden, ob und wo ein Bild von ihr veröffentlicht wird. Diesen Schutz kann man verlieren, wenn man selbst sehr freigiebig private Informationen und Fotos öffentlich macht. Man spricht dann von einer Selbstbegebung. Bisher sind die Gerichte meist zu Recht davon ausgegangen, dass eine Facebook-Seite oder eine private Homepage in aller Regel keine Begebung des Rechts am eigenen Bild darstellt. Dort gefundene Fotos dürfen von Dritten – also auch Medien – nicht einfach veröffentlicht werden. Doch diese Rechtsprechung ist bereits im Wanken. Die Gerichte reagieren auf mediale Entwicklungen meist mit Verzögerung. Zum Teil wurde bei Entscheidungen pro oder contra Privatsphäre inzwischen berücksichtigt, dass man private Informationen und Bilder im Netz durchaus vor dem Zugriff durch Fremde schützen kann – wenn man denn will.

Und auch unfreiwillig können wir uns mit Privatestem im Internet wiederfinden: Enttäuschte Liebende haben einen neuen Weg gefunden, um ihren Aggressionen gegenüber dem Expartner Luft zu machen und Rache zu üben. Beispielsweise stellen sie private Sex- oder Nacktaufnahmen der einst geliebten Person online oder bieten sie gar Fernsehsendern oder Boulevardzeitungen zum Kauf an – und die greifen gern zu. Intimes aus deutschen Schlafzimmern, also einem Tabubereich für Medien, ist immer eine »gute Geschichte« und erhöht die Auflage oder Einschaltquote. Da kann man ein paar Anwaltskosten und, falls die »Geschichte« reißerisch genug ist und jemand klagt, ein Schmerzensgeld ruhig in Kauf nehmen.

Wer im Netz, in Diskussionsforen, Blog-Kommentaren oder einem eigenen Weblog seine Meinung kundtut, kann im besten Fall mit spannenden Diskussionen rechnen, im schlimmsten Fall mit üblen Beschimpfungen. Die angezeigten Beleidigungsdelikte im Internet steigen in der Polizeistatistik seit Jahren massiv an. Allein die Polizei in Rheinland-Pfalz hat von 1999 bis 2009 eine Verdoppelung der Beleidigungsdelikte registriert; die Behörden führen dies auch auf die neuen Kommunikationsmöglichkeiten zurück.

Wie kommt es nun, dass viele so sorglos mit ihren Daten umgehen? Unser Kommunikationsverhalten hat sich in den letzten dreißig Jahren grundlegend verändert. Während die Bürger der Bundesrepublik in den achtziger Jahren noch gegen die Volkszählung und die Erhebung von privaten Daten durch den Staat aufbegehrten und beim Bundesverfassungsgericht das wichtige Urteil über das Recht auf informationelle Selbstbestimmung erstritten, ist es heute Usus, freiwillig und initiativ seine Daten ins Netz zu stellen und Privates öffentlich zu machen. Die Gründe dafür sind vielfältig: Zum Teil ist es schlicht Neugier, die neuen Kommunikationsformen auszuprobieren (»Ich bin jetzt auch bei Facebook«). Zum Teil stellen – vor allem jugendliche – Nutzer Privates auch aus Naivität und Sorglosigkeit online; manche wissen gar nicht, dass diese Informationen im Netz grundsätzlich jeder lesen kann. In der Zeit der großen Vereinzelung (immer weniger »klassische« familiäre und soziale Strukturen, immer mehr Singlehaushalte) ist die Online-Community für manchen auch ein Freundesersatz oder zumindest eine Ergänzung. Nicht zuletzt leben wir in einer Zeit, in der es en vogue ist, sich öffentlich zu exponieren, sein »Ich« auszustellen.

Damit geht die Entwicklung im Fernsehen und in den Printmedien einher. Politiker, die sich einer Öffnung ihrer Privatsphäre verweigern, wurden in zumindest einem bekannt gewordenen Fall von einer Agentur ausgeforscht. Erinnert sei an die Geschichte, die im Frühjahr 2010 durch die Medien ging: Mitarbeiter einer Agentur hatten zahlreiche Politiker wie Oskar Lafontaine und Franz Müntefering systematisch ausgespäht, um Details aus ihrem Liebesleben in Erfahrung zu bringen. Unstreitig ist, dass es sich dabei um eine Agentur handelte, die mit der Zeitschrift *Bunte* zusammenarbeitete, wobei *Bunte* sich dagegen verwahrte, von den Recherchemethoden – wie angeblich geplanten elektronischen Bewegungsmeldern vor Münteferings Wohnung – gewusst oder diese gar beauftragt zu haben. In einem Rechtsstreit mit dem Magazin *Stern*, das die Methoden damals aufgedeckt hatte, konnte die *Bunte* in erster Instanz ein Verbot entsprechender Behauptungen durchsetzen. Fest steht jedoch: Im Umfeld von Massenmedien tummeln sich zahlreiche »Journalisten«, denen die Privatsphäre ihrer »Opfer« nichts bedeutet.

Beim Fernsehen begann der Wandel vom staatstragend-langweiligen Inhalt zur leicht konsumierbaren Dauerberieselung häufig geringen Anspruchs damit, dass zu den üblichen drei Programmen seit Mitte der achtziger Jahre etliche neue, private Sender hinzukamen. Aus dem verschnarchten öffentlich-rechtlichen TV der frühen Fernsehjahre wurde eine Wundertüte, in der jede Grenze gefallen zu sein scheint. Von Busen-Shows wie »Tutti

Frutti« über »Big Brother« bis hin zu trashigen Nachmittagsshows, in denen ganze Familienleben ausgestellt werden – alles scheint möglich. Das schrille Spiel mit dem Privatleben auch völlig unbekannter Personen blieb jedoch keine Domäne der Privatsender. Das ARD-Magazin »Brisant« zum Beispiel macht häufig mit spektakulären Straftaten und Verkehrsunfällen auf. Schnell hatten die Verantwortlichen von ARD und ZDF nämlich gemerkt, dass die Zuschauer den neuen, frechen Sendeideen der Privaten in Scharen folgten. Heute gibt es auch für die Öffentlich-Rechtlichen im Wesentlichen eine Währung: die Einschaltquote.

Im Internet konnten wir zunächst vor allen Dingen passiv Informationen von Webseiten abrufen. Mittlerweile verfügen wir über das Web 2.0, das Mitmach-Web mit seinen schier grenzenlosen Kommunikationsmöglichkeiten. Doch nicht nur Internet und Fernsehen haben sich geändert, auch wir haben uns geändert. Erinnern Sie sich noch, wie in den achtziger Jahren eine Telefonzelle aussah? Sie war gelb, schalldicht isoliert, und wer die Zelle betrat, konnte von außen nicht mehr gehört werden. Genau das war das Ziel: Der Telefonierende wollte ohne die Mitwelt in Ruhe reden. Diesen Wunsch scheint es heute kaum noch zu geben. Wer heute das Handy ans Ohr nimmt, legt keinen Wert mehr darauf, ungestört zu bleiben. Jugendliche lassen in der vollbesetzten U-Bahn ihrem Freund oder ihrer Freundin Liebesschwüre zukommen, der Angestellte informiert seine Ehefrau über die ihm vom Chef versagte Gehaltserhöhung. Wollen wir dies alles wissen? Wohin führt es, wenn jeder über jeden alles weiß?

Privates sollte privat bleiben – das war in der Gesellschaft der Bundesrepublik nach dem Zweiten Weltkrieg gesellschaftlicher Konsens. Es gab Dinge, über die sprach man nicht einmal mit Freunden oder Nachbarn: die eigene finanzielle Situation, Krankheiten, Beziehungssorgen. Schon gar nicht hätte man sie einem Journalisten erzählt. Von diesem Konsens, der Schutz vor öffentlicher Beobachtung bot und verhinderte, dass man mit seinem Privatleben Gegenstand öffentlicher Spekulation oder übler Nachrede wurde, ist nicht mehr viel übriggeblieben.

Dies gilt auch für den Bereich der Politik. Wussten wir bis in die neunziger Jahre hinein selbst aus dem Privatleben von Spitzenpolitikern häufig nicht mehr, als dass sie eine Ehefrau hatten, gehört das Porträt in der Zeitschrift *Bunte,* im *Stern* oder in der *Bild*-Zeitung bei unseren häufig durch PR-Manager beratenen Politikern mittlerweile zum guten Ton. Die Damen und Herren Minister, Ministerpräsidenten und Bundestagsabgeordneten wissen schließlich: Viele Wähler entscheiden sich in der Stimmkabine nicht für ein politisches Programm, sondern für den interessanten, sympathischen, »menschlichen« Kandidaten. In einer immer unübersichtlicheren Welt sind viele Menschen überfordert, anhand sachlicher, rationaler Kriterien Wahlentscheidungen zu treffen. Geschichten über die angebliche private Seite des Politikers sollen helfen, in den Augen der Wähler möglichst menschlich rüberzukommen. Die wirklichen Inhalte der Politik, der Streit um das beste Argument, bleiben bei diesen oberflächlichen Homestorys häufig auf der Strecke.

Wir sind auf dem Weg in eine Gesellschaft, in der die Privatsphäre nichts mehr zählt und es alleine auf die Eigeninszenierung ankommt – ob als »normaler« Mensch im sozialen Netzwerk oder als Politiker oder Prominenter auf den großen Bühnen der Medien. In diesem Buch wollen wir zeigen, wie weit der Verlust der Privatsphäre in den »klassischen« Medien wie Fernsehen und Print, aber auch im Netz bereits fortgeschritten ist. Wir wollen zeigen, wo die Gefahren und Risiken dieser neuen Medienwelt liegen, wie es denjenigen ergeht, die sich entgegen dem allgemeinen Trend nicht mit ihrer Persönlichkeit öffentlich vereinnahmen lassen, und wer wie am Verlust des Privaten mitarbeitet.

Dabei geht es uns nicht um ein »Früher war alles besser«, um allgemeine Medienschelte oder die Verdammung der neuen digitalen Welt. Das Internet bietet Möglichkeiten, von denen wir vor zehn oder fünfzehn Jahren nicht einmal zu träumen gewagt hätten. Wir buchen unsere Reisen online, wir informieren uns in Sekundenschnelle über das Weltgeschehen, wir halten mit Freunden und Bekannten auf elektronischem Wege Kontakt. In nicht-demokratischen Staaten ohne freie Presse spielt das Internet eine wichtige Rolle bei der Kommunikation freiheitlich gesinnter Kräfte. Erinnert sei nur an den Umsturz in Ägypten, bei dem Demonstrationen über das Netz verabredet wurden und Gleichgesinnte sich über ihre Pläne austauschen konnten. Erinnert sei auch an die Rolle des Internets nach der Atomkatastrophe von Fukushima: Vermisste Angehörige wurden über soziale Netzwerke gefunden, erklärende Seiten mit Informationen zu Strahlenmesswerten sowie Funktion und Risiken von Atommeilern brachten Licht in die intransparente Informationspolitik der Kraftwerksbetreiber.

Was uns aber Sorgen bereitet, ist der Verlust von Werten und Rechten, der mit dem grundlegenden Wandel unserer Medien, insbesondere der Fernsehlandschaft und der digitalen Welt, einhergeht. Die beiden amerikanischen Juristen Samuel Warren und Louis D. Brandeis umschrieben Privatsphäre bereits 1890 in wunderbar einfachen Worten als »das Recht, in Ruhe gelassen zu werden«. Also: die Tür hinter sich zuzumachen und mit seinen Dingen von der öffentlichen Welt abgeschnitten zu sein. Mit dieser ganz eigenen, privaten Welt nicht öffentlich vorzukommen. Bei der Jagd nach Einschaltquoten, beim Wunsch, sich seine Identität im Netz aufzubauen, beim weltweiten Austausch von immer mehr Fotos, Lebensläufen, Begebenheiten aus dem Alltag scheint dieser Wert gerade unterzugehen.

Das Recht auf Privatsphäre ist aber ein bürgerlicher Wert, auf den sich unsere Gesellschaft vor über zweihundert Jahren geeinigt hat. Verschwindet er, wird unsere Gesellschaft eine andere: Jeder ist öffentlich, noch mit seinen privatesten Angelegenheiten, ein gläserner Mensch, berechenbar im sozialen Umgang und begehrt als Kunde, über den Wirtschaftsunternehmen alles wissen. Wir verlieren unseren Schutzraum gegenüber der Außenwelt, in dem wir private Geheimnisse haben und unbeobachtet so sein dürfen, wie wir sein wollen.

Hoffnung macht, dass es in Ansätzen bereits eine Rückbesinnung auf die »alten« Werte gibt: Schüler sperren ihre Profile in den sozialen Netzwerken für Fremde, weil sie gelernt haben, welcher Missbrauch mit solchen Daten möglich ist. Studenten verzichten auf einen Facebook-Eintrag, weil ihnen das Socialising im Netz zu anstrengend wird. Und immerhin 245 000 Widersprüche gegen die Präsentation des eigenen Wohnhauses in der Anwendung »Street View« sind aus Deutschland bei Google eingegangen.

Warum wir Privatsphäre brauchen

An den Anfang dieses Buches gehört die Frage, warum die Privatsphäre überhaupt schützenswert ist und warum der Verlust des Privaten eine besondere Gefahr für das Individuum, aber auch für die Gesellschaft darstellt. Warum hierdurch das Fundament menschlicher Existenz erschüttert, wenn nicht sogar zerstört wird.

Zwar wurde in den letzten ein bis zwei Jahren gerade im Zusammenhang mit Facebook, Google Earth und Google Street View regelmäßig festgestellt und zum Teil auch bedauert, dass die Privatsphäre immer mehr verlorengeht und zum verfügbaren Gut geworden ist. Dass das »reale Ich« zur Ware geworden ist und Menschen inzwischen in digitale Informationseinheiten zerlegt werden, die sie zum »digitalen Ich« machen. Ebenso wurde diskutiert, welches die Gründe dafür sind, dass die Bürger der Bundesrepublik sich noch in den achtziger Jahren massiv gegen die Volkszählung wehrten, die lediglich ein paar persönliche Daten erheben wollte, sie heutzutage aber initiativ ihre gesamten privaten Daten freiwillig ins Internet stellen, an jedweder Form von Casting teilnehmen und sich mit allem, was sie an Intimitäten aufzubieten haben, exhibitionieren.

Kaum jemand machte sich jedoch die Mühe zu fragen, warum die Privatsphäre eigentlich überhaupt ein zu bewahrendes Gut ist und warum die Entwicklung der Ausstellung der eigenen Person eine erhebliche Gefahr für den Einzelnen darstellt und letztlich zu einer Selbstaufgabe führt. Das mag daran liegen, dass es auch infolge der rasanten technischen Entwicklung zunächst nicht mehr opportun schien, zu analysieren, warum der bürgerliche Wert der Privatsphäre so wichtig ist. Die normative Kraft des Faktischen regierte. Die neuen digitalen Möglichkeiten wollten ausprobiert werden. So riet der Vorstandschef von Google, das, was andere nicht erfahren sollen, solle man am besten gar nicht erst tun. So verkündete Facebook-Gründer Mark Zuckerberg, der Drill-Instructor der Internet-Community, dass das Zeitalter der Privatsphäre endgültig vorbei sei, ein Ding von gestern, ein Wert, der keinen mehr interessiere. Die kurzfristige öffentliche Empörung über Zuckerbergs Aussagen führte zwar zu einer gewissen Korrektur der Sicherheitseinstellungen bei Facebook. Zuckerberg hatte aber insofern recht, als der Wille der Facebook-Nutzer zur Selbstpreisgabe erhalten blieb, was Geschäftsgrundlage von Facebook und anderen sozialen Netzwerken ist.

Neben Zuckerbergs Thesen tritt die Grunddoktrin der Internet-Community, die davon ausgeht, dass unbedingte Transparenz im Netz und auch im »realen Leben« der Weg dazu sei, gesellschaftliche Umstände zu korrigieren, Missstände aufzudecken und ein Selbstregulativ der Gesellschaft herbeizuführen. Die Unbegrenztheit des Internets führt nach dieser Auffassung wieder zur Selbstreinigung.

So schwierig es erscheint hier gegenzusteuern, soll dieses Buch zumindest ein Zwischenruf sein, ein unbedingtes Plädoyer gegen bedingungslose Transparenz in allen Bereichen menschlichen Lebens und für den Schutz der Privatsphäre.

Vergegenwärtigt man sich, was die Grundlagen der Privatsphäre sind, kommt man zu Grundsätzlichem: Die Privatsphäre ist Teil der unantastbaren Menschenwürde und zugleich ein genauso elementares Bürgerrecht wie die Meinungs- und Informationsfreiheit. Der Schutz des Privaten steht insofern dem Recht auf Freiheit von Information und Meinung gleichberechtigt gegenüber. Das gilt nicht nur für Deutschland. Auch die Amerikaner, für die die freie Rede, »freedom of speech«, eigentlich unantastbar ist, kennen das Recht des Einzelnen, in Ruhe gelassen zu werden, »the right to be let alone«.

Warum?

Privatsphäre bezeichnet den Bereich, den der Mensch als Rückzugsort benötigt, der vor Einblicken Dritter und insbesondere der Öffentlichkeit geschützt ist. Die Privatsphäre ermöglicht es dem Menschen, allein zu sein, in Ruhe gelassen zu werden, Gefühlen wie Angst, Scham oder Ärger freien Lauf lassen zu können, sie artikulieren zu können ohne Rechtfertigungszwänge gegenüber der Gesellschaft. Im Privaten werden körperliche Bedürfnisse ausgelebt, wie Körperpflege, Sexualität, Heilung von Krankheiten. Ebenso betroffen ist der gesamte zwischenmenschliche Bereich, das Führen einer Partnerschaft, die Familie, Freunde und Nachbarn. Es wäre schier unerträglich, wenn all die soeben geschilderten Bereiche in der Zukunft für jedermann einsehbar wären. Gerade weil die technische Entwicklung es etwa erlaubt, dass jeder jeden jederzeit und überall fotografieren kann, bedarf es umso mehr eines Kernbereiches der menschlichen Existenz, der vor den Einblicken anderer geschützt bleibt.

Nach dem humanistischen Grundsatz »Der Mensch ist das Maß aller Dinge« ist seine Menschenwürde unbedingt zu schützen. Es gebührt ihm Achtung. Zu dieser Achtung gehört insbesondere Respekt vor allen Bereichen, die nur dem einzelnen Menschen eigen sind und vor Einwirkungen von außen grundsätzlich bewahrt werden müssen. Insofern gehört zur Würde des Menschen sein Selbstbestimmungsrecht, der freie Wille, darüber zu befinden, ob und wie er in der Öffentlichkeit stattfinden will. Es war von daher in der Geisteslehre seit langer Zeit anerkannt, dass jeder Mensch einer Privatsphäre bedarf, innerhalb derer er vor Einwirkungen von außen geschützt bleibt. Jeder soll darüber entscheiden, ob und in welchem Umfang er sich den Blicken anderer aussetzen, Dinge von sich preisgeben möchte. Dies entspricht der Freiheit des Willens und damit dem Individuum.

Dabei geht es nicht nur um den Schutz des Individuums aus humanistischer Gesinnung. Es geht auch um die Gesellschaft insgesamt, so dass der Schutz der Privatsphäre im Interesse der Allgemeinheit liegt. Gerade um sich in die Gemeinschaft einzubringen, neue Ideen für die Gesellschaft zu liefern, Kulturelles zu schaffen, bedarf es auch der Zurückgezogenheit, möglicherweise des Alleinseins, um hierfür Gedanken entwickeln zu können, sich gegebenenfalls im engen Kreis auszutauschen, um so zu Erkenntnissen zu gelangen, die allen nützen. Der Mensch braucht die Privatsphäre, um Kräfte zu sammeln für seine Aufgaben im Gemeinwesen. Noch deutlicher wird dies, wenn es um Krankheit geht. Heilung ist im Zweifel nur wirklich möglich, wenn die Menschen zur Ruhe kommen, sich regenerieren können. Ist die Krankheit Gegenstand öffentlicher Betrachtungen, ist dies nicht gewährleistet. Und: Wie würden wir es finden, wenn die Krankenversicherung für die Berechnung von Beiträgen nicht mehr uns um Auskunft über Risiken und Vorerkrankungen fragen müsste, sondern diese Informationen mittels einer einfachen Internetrecherche gewänne?

Wenn jeder über den anderen alles weiß, gefährdet das auch die Demokratie. Denn solches Allwissen aller über den anderen fördert Konformismus. Wo Einheitsdenken herrscht, werden Minderheiten häufig ausgegrenzt. Ein Blick in die Geschichte zeigt, dass gerade Minderheiten aber des besonderen Schutzes bedürfen, eben auch dadurch, dass ihre Gedanken nicht (sofort) öffentlich sind, sondern sie einen geschützten Rückzugsraum benötigen. Nichts anderes gilt im Übrigen für die wirtschaftlichen Handlungen des Einzelnen. Um Ideen für wirtschaftlichen und technischen Fortschritt zu entwickeln, ist die Möglichkeit zur Geheimhaltung zwingende Voraussetzung – und sei es nur der Rückzugsraum der eigenen Familie. Wenn man über den anderen alles weiß und dieser auch die eigenen Pläne kennt, gibt es keinen Anreiz für Innovation.

Im Ergebnis muss es wohl jedem einleuchten, dass der Verlust der Privatsphäre nicht nur die Menschenwürde des Einzelnen unwiederbringlich verletzen würde, sondern auch fatale Folgen für die Allgemeinheit hätte.

Kleine Geschichte der Privatsphäre

Seit wann nehmen sich Menschen das Recht heraus, privat zu sein, also unbehelligt von Dritten Dinge zu tun oder zu lassen? Was klingt wie ein Gedanke der Aufklärung, ist in Wahrheit schon mehrere Tausend Jahre alt. Selbst die alten Griechen kannten in den Stadtstaaten ab etwa 750 v. Chr. die Unterscheidung zwischen der privaten Ordnung des Hauses (»oikos«) und dem öffentlichen Marktplatz (»agora«). Mit dem geschützten Recht jedes Menschen auf einen privaten Rückzugsort, so wie wir es kennen, hatte diese Zweiteilung aber noch nicht viel zu tun. Denn wie viel Privatsphäre man hatte, hing in erster Linie von der ökonomischen Stellung ab. Nur für die Elite, die wohlhabende Herrschaftsfamilie, bot die Hausgemeinschaft (»oikos«) Rückzugsmöglichkeiten; den Arbeitern der Städte (»polis«) und den Knechten standen diese nicht zur Verfügung. Erst recht gab es natürlich für Sklaven kein Privatleben. Sie mussten vielmehr dafür sorgen, dass das Leben der übergeordneten »Stände« weitgehend frei von schwerster körperlicher Arbeit war.

Ähnlich auch im Römischen Reich. Hier erklärt sich auch die Herkunft des Begriffs »privat«. Im Lateinischen bedeutet »privare« nichts anderes als »befreien von« beziehungsweise »berauben«. Der private Mensch ist der Wahrnehmung durch die Öffentlichkeit beraubt, so sahen die Römer das. Ein markanter Unterschied zu unserer heutigen Sicht, nach der der Mensch zunächst privat ist und erst durch eigenes Zutun – sei es durch Hinwendung zu einer begrenzten Öffentlichkeit im Beruf, sei es durch Auftritte auf der Bühne von Politik und Show oder durch die eigene Internetdarstellung – öffentlich wird. Die Römer nahmen den Menschen in erster Linie als soziales Wesen wahr, das durch das öffentliche Leben das private Leben vollendete. Nur wer öffentlich stattfand, galt als oder wurde zum Bürger. Dementsprechend versah man in Rom die Grabsteine mit einer Liste der öffentlichen Ämter des Verstorbenen und den Stationen, die er zu Lebzeiten absolviert hatte. Ein interessanter Gegensatz zur heutigen Sicht: Jedenfalls bislang konnte man in unserer Gesellschaft durchaus als angesehener Bürger leben, ohne in größerem Maße öffentlich aufzutreten. Als Prototyp des bürgerlichen Lebens gilt traditionell ein unauffälliges, auf die Familie und Freunde bezogenes Dasein, das dieses Private gerade nicht nach außen kehrt.

Privatsphäre für wenige – das änderte sich auch im Mittelalter nicht. Nur eine begrenzte Zahl meist adeliger Privilegierter konnte wirklich privat leben. Die meisten Menschen, besonders die Bauern, lebten mit dem gesamten Familien- und Hofverbund in einem Haus und teilten sich Schlaf-, Ess- und Waschräume. Sie waren gezwungen, selbst intime Bereiche ihres Lebens mit Dritten zu teilen. Damit fand noch das Privateste vor einer – kleinen – Öffentlichkeit statt.

Privatsphäre als Wert, wie wir ihn kennen, entstand erst in der Neuzeit. Mit der Ausbildung bürgerlicher Freiheitsrechte durch die Französische Revolution von 1789 kam der Wunsch nach Privatsphäre auf. Das Idealbild des autonomen Bürgers erforderte einen unbeobachteten

Raum freier Entfaltung und Entscheidung, unter anderem deshalb, weil durch das Aufkommen von Zeitungen als neuem Kommunikationsmedium nicht mehr jeder frei entscheiden konnte, welche Informationen über ihn öffentlich wurden.

1890 schrieben die bereits erwähnten Juristen Louis D. Brandeis und Samuel Warren in ihrem wegweisenden Artikel »The Right to Privacy«: »Neue Erfindungen und Geschäftsmethoden machen einen nächsten Schritt notwendig, der dem Schutz des Menschen und der Sicherung der Individualität dient, nämlich (...) das Recht, in Ruhe gelassen zu werden. Rasch aufgenommene Fotos und Zeitungsunternehmen dringen in den geschützten Bereich des privaten und häuslichen Lebens ein. Zahlreiche neue Geräte lassen die Prophezeihung wahr werden, dass das, was man in der Diele flüstert, vom Dach nach draußen gerufen wird.«[1] Dieser rund hundertzwanzig Jahre alte Text klingt wie eine Weissagung für die Gegenwart. Gerade also ein gewisser »Mediendruck« führte zur Ausbildung von Privatsphäre als Wert. Die beiden Autoren haben mit dem Aufsatz ein Stück Rechtsgeschichte geschrieben: In den USA wurde »the right to be let alone« unter Bezugnahme auf Brandeis und Warren schon Anfang des 20. Jahrhunderts in Gerichtsentscheidungen angewandt.

Je mehr Privates öffentlich wurde, desto stärker wurde der Wunsch nach Privatsphäre. Ein frappierender Gegensatz zu der Entwicklung, die wir heute beobachten: Moderne Medien ermöglichen, dass nichts mehr privat bleibt – wenn man es denn wünscht. Und wir blockieren nicht, sondern machen immer mehr öffentlich.

An dem seit Beginn der industriellen Revolution verfestigten Bild des Menschen, der den Schutz der Privatheit und der eigenen Entscheidung über die Verwendung seiner Daten genießt, änderte sich bis weit ins 20. Jahrhundert hinein wenig. Zwar wurde die Privatsphäre zum Beispiel durch Spähmaßnahmen und staatliche Überwachung während des Kalten Krieges staatlicherseits zum Teil eingeschränkt, trotzdem hatte die Privatsphäre bis in die achtziger Jahre hinein einen hohen Stellenwert. Man erinnere sich nur an die Demonstrationen und Proteste, die die Volkszählung von 1987 in weiten Teilen der westdeutschen Bevölkerung hervorrief. Eine Volkszählung, die eigentlich schon 1983 hatte stattfinden sollen und die damals vom Bundesverfassungsgericht gestoppt worden war, weil zu viele private Daten Rückschlüsse auf den jeweiligen Bürger zugelassen hätten. Die Angaben zu personenbezogenen Daten wurden daraufhin von den Fragebögen getrennt, um eine Deanonymisierung zu verhindern. Doch vielen Bürgern genügte auch das nicht, denn sie fürchteten weniger die Deanonymisierung als den immer stärkeren Datenaustausch zwischen Behörden. Insgesamt ging es 1987 mehr um einen pauschalen Protest gegen den mächtigen Staat im Sinne eines »zivilen Ungehorsams« als um konkrete Befürchtungen hinsichtlich der Nutzung der Daten.

Das Bundesverfassungsgericht »erfand« in seiner Entscheidung zur Volkszählung vom 15. Dezember 1983 das »Recht auf informationelle Selbstbestimmung«, und zwar als Grundrecht und Teil der allgemeinen Handlungsfreiheit und der Menschenwürde gemäß den ersten beiden Artikeln des Grundgesetzes. Es lohnt, sich die Kernaussagen des Verfassungsgerichtsurteils einmal vor Augen zu führen. Demnach ist es mit dem Recht auf informationelle

Selbstbestimmung nicht vereinbar, wenn die Bürger nicht mehr wissen können, wer was wann und bei welcher Gelegenheit über sie weiß. Wer nicht sicher sein könne, ob »abweichende Verhaltensweisen« nicht jederzeit notiert und weitergegeben würden, werde versuchen, solch ein Verhalten zu vermeiden. Wörtlich heißt es: »Dies würde nicht nur die individuellen Entfaltungschancen des Einzelnen beeinträchtigen, sondern auch das Gemeinwohl, weil Selbstbestimmung eine elementare Funktionsbedingung eines auf Handlungsfähigkeit und Mitwirkungsfähigkeit seiner Bürger begründeten freiheitlichen demokratischen Gemeinwesens ist. Hieraus folgt: Freie Entfaltung der Persönlichkeit setzt unter den modernen Bedingungen der Datenverarbeitung den Schutz des Einzelnen gegen unbegrenzte Erhebung, Speicherung, Verwendung und Weitergabe seiner persönlichen Daten voraus. Dieser Schutz ist daher von dem Grundrecht des Art. 2 Abs. 1 in Verbindung mit Art. 1 Abs. 1 GG umfasst. Das Grundrecht gewährleistet insoweit die Befugnis des Einzelnen, grundsätzlich selbst über die Preisgabe und Verwendung seiner persönlichen Daten zu bestimmen.«[2]

Also: Es gibt keine belanglosen Daten. Jede Datennutzung durch staatliche Stellen muss einen Zweck verfolgen, den der Betroffene zu kennen hat. Die rechtlichen Anforderungen an eine Nutzung der Daten des Einzelnen sind hoch. Eine Entscheidung, die jüngere Geschichte schrieb und Grundlage vieler Entscheidungen zum Schutz der Privatsphäre und der Ausspähung von Daten durch den Staat in Deutschland ist. Das Urteil ist auch Grundlage zahlreicher strenger Gesetze zur Sicherung der Daten von Bürgern geworden. So wurde das Bundesdatenschutzgesetz mit Blick auf die vom Bundesverfassungsgericht festgelegten Anforderungen modernisiert. Viele Gesetze der Bundesländer folgten.

Heute stellt der »Datenhunger« des Staates – siehe Vorratsdatenspeicherung und Telefonüberwachung im Namen des Kampfes gegen den Terror – nur einen Risikofaktor für Datenschutz und Privatsphäre unter mehreren dar. Auch große, weltweit tätige Unternehmen wollen immer mehr über uns wissen. Und: Wir helfen ihnen dabei. Spätestens mit den unendlichen Möglichkeiten des Internets hat der Mensch einen neuen Gegner im Umgang mit seinen Daten: sich selbst.

Wir stellen uns aus – das Private wird öffentlich

»Lachsfilet und Sauerkraut« – was wir alles online stellen

Exfußballmanager und Schwergewicht Reiner Calmund, im Volksmund Calli, den wegen seiner spaßigen Sprüche (»Bei diesem Schiedsrichter hätte auch unser Busfahrer die gelbe Karte bekommen«) viele mögen, kündigt auf seiner Facebook-Seite regelmäßig seine Termine an, bei denen es meist auch etwas zu essen gibt. Am 5. Oktober 2010 fragte er in die Web-Community: »Was gab's heute bei Euch zu Mittag?« Innerhalb von weniger als vierundzwanzig Stunden antworteten hundertfünfundachtzig User und teilten ihren Speiseplan mit der Welt: von »Lachsfilet und Sauerkraut« über »nur Toast« bis hin zu »Schnitzel mit Pürée und Zwiebelsauce und als Nachtisch Kokos-Kaiserschmarrn mit Chili-Banane! –> sehr geil!!!!« Was bewegt Menschen dazu, so eine Einbahnstraßenkommunikation mitzumachen? Denn Calli antwortet ja nicht. Welche Befriedigung bringt es, seinen Mittagstisch öffentlich bekanntzugeben?

Wir sehen Verena,[3] eine hübsche, schwangere Mittdreißigerin, zur besten Sendezeit in einem TV-Boulevardmagazin. Die junge Frau hat sich entschieden, in einem Fotostudio Bilder ihres schwangeren Bauches zu machen. Der Sender ist beim Shooting dabei und blendet ein paar der ästhetischen Ergebnisse ein, darunter auch ein Bild von der werdenden Mama im BH und mit beeindruckendem Babybauch. Am Schluss des Beitrags sagt die Sprecherin noch: »Außer ihrem Freund würde sie die Fotos eigentlich allerdings niemandem zeigen. Zu privat, findet sie.« Was der jungen Frau offenbar nicht klar ist: Die Bilder sind doch schon öffentlich!

Zwei Momentaufnahmen aus dem alltäglichen Umgang mit Privatheit in den Medien. Banalitäten, so scheint es. Sicher, es wird niemandem direkt schaden, wenn Calmund und die (theoretisch) über sechshundert Millionen Nutzer von Facebook wissen, was XY zu Mittag gegessen hat. In ähnlicher Weise hat man vor dreißig Jahren die Befürworter der Volkszählung gehört: »Wer nichts zu verbergen hat, kann ja auch mitmachen.« Auf heute übertragen: »Wer kein peinliches Privatleben hat, kann es ja auch offenlegen.« Bei Licht betrachtet ist dies aber kein überzeugendes Argument, denn es geht natürlich nicht darum, wer etwas zu verbergen hat und wer nicht, sondern darum, dass Privatheit für sich genommen ein Wert ist, den es zu schützen gilt.

Ohne Zweifel hätte sich vor fünfzehn Jahren keiner der hundertfünfundachtzig Facebook-Nutzer auf den Marktplatz gestellt und seine Menüfolge verkündet. Die meisten hätten gedacht: Das geht niemanden etwas an. Zumindest hätte sich niemand dafür interessiert oder danach gefragt, außer eben dem engsten Familien- und Freundeskreis. Die technischen Möglichkeiten geben es aber her, dass wir unser Privatleben weltöffentlich machen. Wenn nun an vielen Stellen, wie dem kleinen Facebook-Eintrag oder den öffentlichen Privatfotos der schwangeren jungen Frau, Privatsphäre erodiert, stellt sich die Frage: Warum geben wir das, was wir einmal als geschützten

Raum empfunden haben, freiwillig auf? Und wie weit gehen wir dabei?

Offenherzigkeit bei Facebook, der Betrieb von Hassseiten und Beleidigungen in Internetforen – es gibt viele Formen der Indiskretion. Die allermeisten geschehen, ohne dass der Betroffene die Tragweite seines medialen Verhaltens wirklich begreift. Ein gutes Beispiel dafür ist Verena, die nichts dagegen hat, dass ein Sender ihr Babybauch-Shooting vorführt, die aber die Fotos nur ihrem Freund zeigen will. Offenbar hat der Reporter so geschickt eine Wohlfühlatmosphäre geschaffen, dass die junge Frau das Fernsehen gar nicht als Eindringling in ihre Privatsphäre wahrgenommen hat. Das Fernsehen als Alltagsbegleiter, der in der Vorstellung trotzdem weit weg ist und mit dem eigenen Leben nicht viel zu tun hat. Schlimmer als die Ausstrahlung im Fernsehen empfände sie es, wenn die Fotografin die Bilder in ihrer Mustermappe am Empfang des Fotostudios auslegen würde, so dass jemand aus Danielas privatem Umfeld sie sehen könnte. Natürlich eine Fehleinschätzung, aber sie zeigt, wie sorglos viele Menschen mit Massenmedien umgehen und sich ihnen anvertrauen.

Unbedarft und ungeschützt: So surfen Jugendliche im Netz

Was sollen andere von mir wissen? Diese Frage stellt sich nicht nur Erwachsenen, sondern in der neuen Medienwelt zunehmend auch Kindern und Jugendlichen.

Sie verbringen häufig viel mehr Zeit im Internet als ihre Eltern und sollten die Chancen und Risiken der neuen Kommunikationsmittel kennen. In fast jedem Haushalt steht ein Rechner mit Internetanschluss. Das, was man früher auf dem Schulhof oder in stundenlangen nachmittäglichen Telefonaten unter Freunden besprochen hat, wird jetzt häufig in sozialen Netzwerken, über Twitter oder Chat-Programme wie Instant Messenger ausgetragen. Wissenschaftler beobachten, dass Kinder und Jugendliche besonders gefährdet sind, im Internet Daten preiszugeben, die sie eigentlich besser für sich behalten sollten.

Ein paar Zahlen aus der JIM-Studie 2010 des medienpädagogischen Forschungsverbundes Südwest zur Internetnutzung der Zwölf- bis Neunzehnjährigen belegen, wie wichtig es ist, Jugendliche für den Begriff der Privatsphäre zu sensibilisieren und sie anzuleiten, diese auch zu schützen:

71 Prozent aller Jugendlichen nutzen Online-Communitys täglich oder mehrmals in der Woche. Besonders beliebt sind dabei Facebook und schülerVZ bzw. studiVZ. Letztere sind soziale Netzwerke, die sich vor allen Dingen an Kinder, Jugendliche und Studenten wenden. Sie können dort eine eigene Seite über sich erstellen, ein sogenanntes Profil, auf dem sie Fotos einstellen, Vorlieben und Hobbys präsentieren und Kontakte mit anderen Nutzern aufbauen können. 76 Prozent der jugendlichen Internetnutzer geben ihre Hobbys online bekannt. Über zwei Drittel stellen Fotos oder Filme von sich online.

Entscheidend für den Schutz der Privatsphäre ist, inwieweit die Jugendlichen diese doch ziemlich persönlichen Informationen vor dem Zugriff unbekannter Dritter schützen. Dies ist in den meisten sozialen Netzwerken über die Privatsphäre-Einstellung so zu regulieren, dass die Daten entweder von allen Nutzern eingesehen werden können oder eben nur von denen, die man in diesen Netzwerken als »Freunde« führt. Dabei zeigt sich, dass mittlerweile etwa zwei Drittel der Jugendlichen diese sogenannte Privacy-Option eingeschaltet haben, was ein Fortschritt ist: Bei der Studie 2009 waren es noch weniger als die Hälfte. Es bedeutet aber auch: Ein Drittel der Jugendlichen lässt Fotos, Hobbys und andere persönliche Daten ungeschützt im Netz stehen. Zugriff hat dann jeder, den es interessiert. Und die Daten interessieren eben nicht nur Freunde und Bekannte, sondern auch Firmen und Institutionen.

Fast jeder hat sich schon einmal gefragt, warum er Werbung vom Schuhhersteller XY oder einer Computerzeitschrift im Briefkasten findet, obwohl er mit diesen noch nie Kontakt hatte. Natürlich gibt es Adressdatenbanken, bei denen solche Adressen bestellt werden können, genauso ist aber denkbar, dass Unternehmen die persönlichen Interessen von Nutzern sozialer Netzwerke durchsuchen, um zielgenaue Werbung machen zu können. Den »gläsernen Menschen«, dessen persönliche Daten jedermann offenstehen, gibt es nicht nur, weil umstrittene Sicherheitsgesetze Zugriff auf Bankkonten und andere persönliche Daten erlauben, sondern weil viele Internetnutzer so gutgläubig sind.

Das Frappierende: Im Gespräch mit Jugendlichen stellt sich sehr schnell heraus, dass sie die Möglichkeiten zum Schutz der Privatsphäre (beispielsweise in den sozialen Netzwerken die entsprechenden Einstellungen beim eigenen Profil) durchaus kennen, es allerdings an dem

Bewusstsein fehlt, dass mit der ungeschützten Mitgliedschaft in solchen Netzwerken weltweit alle Daten über die eigene Person abrufbar sind. Daniel Poli ist Projektkoordinator der Jugendkampagne »watch your web« (www.watchyourweb.de) der Fachstelle für Internationale Jugendarbeit der Bundesrepublik Deutschland e. V., kurz IJAB. Die Initiative, die vom Bundesministerium für Ernährung, Landwirtschaft und Verbraucherschutz und dem Bundesministerium für Familie, Senioren, Frauen und Jugend gefördert wird, will Jugendliche für den sicheren und kritischen Umgang mit Daten im Netz sensibilisieren. Poli hat viele Diskussionen mit Jugendlichen bei Veranstaltungen zum Umgang mit den neuen Medien geführt. Im Gespräch mit einem der Autoren dieses Buches sagt er: »Viele Jugendliche erzählen uns, dass sie sich über das Thema der Veranstaltung zunächst wundern, sie würden doch nichts Verbotenes machen. Auf der anderen Seite stört es sie allerdings doch, dass andere auf ihre Profile gehen und dort Hobbys, Fotos und eventuell Peinliches sehen. Bei den Jugendlichen gibt es also durchaus ein störendes Gefühl. Die Quintessenz ist eigentlich, dass ihnen Datenschutz als Wert wichtig ist, sie allerdings Schwierigkeiten haben, dies im eigenen Verhalten umzusetzen.« Verstörend wirke auf die Jugendlichen vor allen Dingen das weit verbreitete Cyber-Mobbing. Poli meint, dies sei unter deutschen Schülern »quasi an der Tagesordnung. Das, was früher im Klassenraum war, findet jetzt im Netz statt. Fragt man die Jugendlichen, was man dagegen tun kann, sind sie häufig ratlos.«

Die Heranwachsenden befinden sich also in einem regelrechten Spagat. Auf der einen Seite ist es natürlich äußerst reizvoll, die eigene Identität öffentlich auszustellen und bereits zu einem frühen Zeitpunkt im Leben eine Art digitale Visitenkarte anzulegen. Aus der Jugendforschung ist bekannt, dass im Alter von zwölf bis sechzehn Jahren, also in der Pubertät, der Wunsch besonders groß ist, mit der eigenen Identität zu spielen. Soziale Netzwerke ermöglichen es in der Regel, verschiedene Profile anzulegen, so dass man durchaus mehrere Identitäten mit unterschiedlichen Eigenschaften, Vorlieben und Wünschen im Netz präsentieren kann. Man kann sich also in einem Netzwerk anders darstellen, als man in Wirklichkeit ist. Allerdings muss man dafür viele private Informationen (seien sie teils auch unzutreffend) öffentlich machen, und das birgt Gefahren.

Viele Heranwachsende gehen geradezu fahrlässig mit sensiblen Daten um. Es genügen ein paar rasche Klicks zum Beispiel in einem sozialen Netzwerk, um für alle Welt sichtbare Profile fünfzehnjähriger Mädchen zu finden, die knappe Bikinis oder Partyoutfits tragen. Ein paar Klicks weiter, und man landet bei Fotos schwer angetrunkener junger Herren, die auf Flatrate-Saufpartys mit berauschtem Blick an der Kamera vorbeigrinsen. Was sie sich mit der freiwilligen Preisgabe solch intimer Zeugnisse selbst antun, erfahren die Jugendlichen erst, wenn es zu spät ist, wenn ihre Fotos in unappetitliche Bildersammlungen »heißer Teens« kopiert worden sind (deren Server auf den Philippinen steht) oder Gegenstand der letzten Schulkonferenz waren. Das Fatale: Die Fotos werden aller Voraussicht nach ewig im Netz kursieren. Bilder von einer fremden Webseite auf den eigenen Rechner zu kopieren ist einfach. Selbst ein Computeranfänger schafft das mit drei Mausklicks. Von dort aus können die Fotos über soziale Netzwerke blitzschnell an Millionen anderer Nutzer »verteilt« werden, und auch die können die Bilder wieder herunterladen und auf anderen Seiten einstellen. Solange die Fotos nur auf deutschen Seiten abgelegt sind, kann man mit kostspieligen Löschungsaufforderungen versuchen, sie wieder »einzufangen«. Liegen die Bilder aber auf indischen, südafrikanischen oder amerikanischen Computern und Webseiten, ist der Kampf in den allermeisten Fällen aussichtslos. Zu unterschiedlich sind die Rechtssysteme, zu schwierig ist es, den Verantwortlichen einer Seite in zehntausend Kilometer Entfernung ausfindig zu machen.

Daniel Poli von *watchyourweb.de* erläutert, wie sehr die Online-Kommunikation für Jugendliche zu einer Institution im eigenen Leben geworden ist: »Für die Jugendlichen ist der Online-Chat, die Teilnahme am sozialen Netzwerk, eine Verlängerung der Face-to-Face-Kommunikation. Reale Treffen ersetzen die Jugendlichen damit nicht. Für sie ist die Online-Kommunikation vielmehr Teil des täglichen Lebens. Sie gehen morgens in die Schule, nachmittags wird mehrere Stunden gechattet oder in sozialen Netzwerken gepostet, abends trifft man die Freunde dann wieder. Es ist ein richtiger Flow.« Gerade weil das Leben im Netz für die Jugendlichen so selbstverständlich und alltäglich ist, kommen sie nicht auf die Idee, dass sie sich und andere mit ihrem Verhalten auch in Gefahr bringen können, dass die Folgen ihres Tuns sie unter Umständen noch lange Zeit begleiten werden, wenn sie in ihrem Leben eigentlich schon ganz woanders sind.

Grundsätzlich ist der souveräne Umgang junger Menschen mit den Kommunikationsmöglichkeiten im Internet positiv zu beurteilen. Jugendliche werden auf die Art früh an den Gedanken des Netzwerkens herangeführt, der im Berufsleben später so wichtig ist. »Sie sehen so im Kleinen, wie Karrierenetzwerke später auch funktionieren. Und das ist grundsätzlich gut«, meint Daniel Poli. Es sei auch erstaunlich, wie gut die Schülerinnen und Schüler zwischen echten Freunden und Bekanntschaften im Internet trennen könnten. Sie wüssten, dass der Facebook-»Freund« häufig gar kein Freund im Sinne persönlicher Freundschaft ist, sondern ein loser Kontakt, den man auf diese Weise aufrechterhält und stärkt. Das ist auch der Kern des Netzwerkens im Berufsleben.

Da es vielen Kindern und Jugendlichen allerdings schwerfällt, zu sortieren, welche Informationen sie problemlos freigeben können und wo der Raum der Privatsphäre beginnt, sind Schule und Eltern gefragt. Die Bemühungen zur Medienerziehung stehen wegen der rasanten Entwicklung der technischen Möglichkeiten aber noch ganz am Anfang. Auf Seiten der Eltern gibt es vor allen Dingen zwei Probleme. Zum einen haben viele Kinder das Pech, dass sich ihre Eltern grundsätzlich wenig um sie kümmern und deswegen auch nicht bereitstehen, wenn es darum geht, ihnen einen sorgsamen Umgang mit dem Internet beizubringen. Das zweite Problem auf Elternseite ist, dass selbst diejenigen, die sich im »realen Leben« liebevoll um ihre Kinder kümmern, häufig mit den technischen Aspekten überfordert sind. Wer selber nicht Mitglied in einem sozialen Netzwerk ist und nicht weiß, wie man Privatsphäre-Einstellungen bearbeitet, kann die Gefahren des leichtfertigen Umgangs mit den dort sichtbaren Daten nicht einschätzen.

Auch an den Schulen fehlt es an gut ausgebildeten »Lotsen« für den Umgang im Netz, wie Daniel Poli beobachtet hat: »Es ist schon wirklich ein Glücksfall, wenn sich Lehrer mit dem Thema befassen. Nach unserer Meinung müsste es eigentlich schon bald an jeder Schule einen Medienbetreuer geben, so wie es auch an vielen Schulen einen Lehrer gibt, der psychologische Hilfestellungen leisten kann.«

Einen etwas anderen Weg schlägt beispielsweise das Land Rheinland-Pfalz mit dem Konzept »Medienscouts« ein. Aktuell wird dort die Möglichkeit geschaffen, Schülerinnen und Schüler als Medienberater für ihre Mitschüler auszubilden. In kompakten Schulungen sollen die Schüler alles Notwendige über Jugend-, Verbraucher- und Datenschutz erfahren und Online-Programme zum Schutz der Privatsphäre an die Hand bekommen, die sie ihren Mitschülern weitergeben können. Lehrer sollen das Projekt zusätzlich begleiten.

Aber auch die sozialen Netzwerke und Online-Plattformen müssen ihre Systeme für Kinder und Jugendliche verbessern. Jugendforscher sehen den größten Handlungsbedarf bei den Grundeinstellungen. Wenn man sich bei einem sozialen Netzwerk registriert, ist es häufig so, dass in der Grundeinstellung zunächst die meisten privaten Daten für alle sichtbar sind. Der Nutzer muss dann von Hand einstellen, dass nur Freunde seine Daten sehen sollen. Eigentlich müsste es – so auch die Forderung der aktuellen Verbraucherschutzministerin Ilse Aigner – andersherum sein: Erst ist man privat, und wenn man mehr an Dritte preisgeben will, kann man selber dies ändern.

Am 22. September 2010 sprang der amerikanische College-Student Tyler Clementi in Selbstmordabsicht von der New Yorker George-Washington-Brücke. Der Achtzehnjährige war auf der Stelle tot. Der scheu ausschauende, rothaarige Student war ein hoffnungsvoller Violinist gewesen, bescheiden und beliebt bei den Mitstudenten an der Rutgers-Universität in New Jersey. Es besteht kein Zweifel, dass sein Freitod im Zusammenhang mit dem »Streich« von zwei Mitstudenten drei Tage zuvor steht. Was in seinem Umfeld nicht bekannt war: Clementi war homosexuell. Sein Zimmerkamerad und eine Flurnachbarin aus dem Studentenwohnheim filmten heimlich, wie er mit einem anderen jungen Mann in seinem Zimmer intim wurde, und stellten das Video ins Netz. Clementi muss so entsetzt und beschämt über die öffentliche Ausstellung seines Intimlebens gewesen sein, dass er den Selbstmord wählte. Wie die Polizei später ermittelte, hatte Clementis Mitbewohner am 19. September 2010 eine Twitter-Nachricht gepostet: »Zimmergenosse will das Appartement heute bis Mitternacht für sich. Ich ging in Mollys Zimmer und machte die Webcam an. Yeah!«

Mittlerweile werden die beiden Mitstudenten, die sich der Polizei gestellt haben, wegen Verletzung der Privatsphäre eines Dritten und Eingriffs in die Rechte Homosexueller strafrechtlich verfolgt. Der Fall löste in Amerika große Betroffenheit und eine gesellschaftliche Debatte aus. Eine Facebook-Seite, auf der Clementis gedacht werden soll, hat im Sommer 2011 etwa 140 000 Unterstützer. Die bekannte lesbische TV-Moderatorin Ellen DeGeneres forderte in einer bewegenden Videobotschaft auf ihrer Internetseite zu mehr Toleranz gegenüber Homosexuellen und zu einem besseren Umgang miteinander im Netz auf. Auch nach deutschem Recht sind solche heimlichen Filmaufnahmen strafbar. Der Gesetzgeber hat im August 2004 den § 201 a Strafgesetzbuch eingeführt, um klarzustellen, dass schon das heimliche Filmen im privaten Bereich verboten ist. Derjenige, der »von einer anderen Person, die sich in einer Wohnung oder einem gegen Einblick besonders geschützten Raum befindet, unbefugt Bildaufnahmen herstellt oder überträgt und dadurch deren höchstpersönlichen Lebensbereich verletzt«, kann mit einer Geld- oder Freiheitsstrafe belangt werden.

Der Fall Clementi legt auf tragische Weise offen, welche Sprengkraft die sorglose Verwendung privater oder intimer Daten im Internet durch andere oder auch durch einen selbst haben und dass sie tödlich enden kann. Es ist nicht der erste Fall von Selbstmord nach Cyber-Mobbing in den USA. Im Jahr 2008 erhängte sich die Schülerin Jessica Logan, nachdem ihr Exfreund aus Rache Handy-Nacktfotos von ihr an Dritte weitergeschickt hatte. Auch in England hat es derartige Fälle bereits gegeben. In Südkorea ist es wegen Selbstmorden nach Mobbing im Netz per Gesetz vorgeschrieben, dass Kommentare in Internetforen nur noch unter dem Echtnamen veröffentlicht werden dürfen. Eine Internetpolizei überwacht dies. Internetaktivisten kritisieren diese Regelung allerdings heftig, da sie staatliche Zensurbestrebungen begünstigen könne.

Auch wir in Deutschland müssen damit rechnen, dass wir im Zusammenhang mit Cyber-Mobbing in Zukunft Selbstmorde zu beklagen haben werden. Man braucht keine großen Recherchekünste, um auf Hassseiten im Netz zu stoßen, deren abstoßender Inhalt einem den Atem stocken lässt.

Ein Blick auf eine dieser Seiten, deren konkrete Adresse hier lieber verschwiegen werden soll, genügt. Deren Betreiber fordert die Community ganz unverhohlen auf, in einem Forum mit dem Namen »Virtueller Frauen-Sandsack« über die frühere Partnerin mal so richtig herzuziehen. Kurioserweise soll man die Nutzungsbedingungen beachten, nach denen unter anderem keine »(verbalen) Verstöße gegen das Gesetz« erlaubt sind. Und so geht es fröhlich los unter Überschriften wie: »An meine Ex«, »Warnung vor Magda«[4] oder »Was mich an Frauen stört«. Ein Nutzer legt die Identität der betreffenden Frau durch Nennung des eigenen Vornamens und ihres Vor- und abgekürzten Nachnamens sowie einiger anderer Details offen. Soweit die Ausführungen des beleidigten Mannes jugendfrei sind, seien sie zur Veranschaulichung zitiert: »Nachdem ich eine ganze Menge Asche für Sie ausgelegt hatte (Urlaub, Wohnung, usw.) und Sie gerade einen neuen Job gefunden hatte nach ungefähr einem halben Jahr Arbeitslosigkeit (!), schwafelte Sie etwas von Selbstfindung und Zeit für sich selbst (Achtung! Sicheres Indiz für einen anderen Hahn im Korb!). Mir war zu diesem Zeitpunkt bereits klar, dass da faules Obst im Garten lag, aber ich wartete noch etwas ab, denn Sie sollte angeblich mit Ihrer Firma nach XY zu einem Seminar fahren. Pah, von wegen Seminar, von Ihrem Chef hat Sie sich donnern lassen.«[5]

Das steht nicht in einem verschlossenen Brief, sondern weltweit abrufbar im Netz – übrigens bereits seit einigen Jahren. Kritik von anderen Nutzern gibt es auf solchen

Internetseiten kaum; der Beleidiger bekommt das »gute« Gefühl, es der Verflossenen, dem Chef oder dem verhassten Nebenbuhler mal so richtig gezeigt zu haben.

Es muss aber nicht um etwas derart Sensibles wie vergangene Beziehungen oder um das Verhältnis zum Vorgesetzten gehen, damit Menschen ihrem Hass im Internet freien Lauf lassen. Profane Nachbarschaftsstreitigkeiten werden ebenfalls dort ausgetragen. So findet sich in einem Motorradforum eine ellenlange Schilderung eines Nutzers, der sich mit Foto und Wohnort vorstellt, über seinen Nachbarn, das »Riesen-A...loch«, das ihm das Parken des Motorrads in einem Unterstand untersagen will. Immerhin siebenundfünfzig Antworten bekam der genervte Motorradfreund, der sich unbedingt über seinen »bescheuerten Nachbarn auskotzen« wollte, auf sein Lamento. Unter anderem den sicher nur halb scherzhaft gemeinten Rat: »Visier runter und Gegenangriff: Halten Sie den Mund ... das geht Sie gar nichts an ... ist mein Motorrad ... wenn Sie mich noch weiter beschimpfen zeige ich Sie an ... usw. (...) Das ist die beste aller Methoden. Der Sack bekommt dann einen Herzkasper und das Problem ist endgültig gelöst.«

Dabei sind nicht die Wut und die negativen Gefühle neu – neu ist, dass sie heute viel schneller und unkomplizierter kommuniziert werden können als früher. Wer einen anderen im Netz »disst«, also beleidigt oder verleumdet, hat die Genugtuung, dass rein theoretisch Milliarden Menschen davon erfahren. Vielleicht ist es ein wenig so wie beim Streit im Straßenverkehr: Wie oft haben wir schon den schlechten Autofahrer, der uns gerade die Vorfahrt genommen hatte, mit Huptiraden und der Scheibenwischer-Geste bedacht? Das würden wir niemals machen, wenn wir uns von Angesicht zu Angesicht gegenüberstünden. Von Auto zu Auto ist das aber recht ungefährlich, da wir – meist zu Recht – davon ausgehen, dass der andere uns schon nicht bei der Polizei anschwärzen wird. So funktioniert das auch beim »Dissen« im Netz: Wir sind ziemlich anonym unterwegs und glauben deshalb, die Aggression ohne negative Konsequenzen für uns selbst rauslassen zu können. Niemals war es so einfach, mit so großer Reichweite andere zu verletzen und zu beleidigen. Hinzu kommt: Gerade junge Leute fühlen sich durch die Live-Kommunikation via Twitter und Facebook aufgefordert, jede Emotion in dem Moment zum Ausdruck zu bringen, in dem sie entsteht. Wer seine eigene Privatheit auf dem »Altar des Online-Seins«[6] geopfert hat, nimmt es mit der Privatsphäre der anderen auch nicht so genau.

So überrascht es nicht, dass Menschen, die viel Zeit im Netz verbringen, wenig Verständnis dafür entwickeln, wenn andere nicht alles über sich im Internet lesen möchten. Nach dem Motto: »Die Zeiten sind anders. Stellt euch mal alle nicht so an.« Der bekannte Blogger Sascha Lobo, der auch vor verbalen Ausfällen gegenüber Blogger-Kollegen (»willst du mich verarschen, du erlebnisschrottblogger?«) nicht zurückschreckt, sagt: »Zunächst einmal glaube ich, dass eine gewisse Entspannung Einzug halten sollte. Die Menschen dürfen sich einfach nicht darüber aufregen, wenn irgendwo ein bisschen Unsinn über sie steht.«[7] Das ist nichts anderes als die freundliche Aufforderung, den eigenen Ruf nicht zu hoch zu hängen und Rechtsverletzungen mal ein bisschen lockerer zu sehen. Anders sieht es Lobo offenbar, wenn es um sein eigenes Urheberrecht geht. Vor kurzem brachte er seinen ersten

Roman heraus und reagierte äußerst ungehalten auf die Frage eines Bloggerkollegen, ob er es nicht als Adelung empfände, wenn sein Buch als Raubkopie im Netz kursieren würde. Lobos wenig sensible E-Mail-Antwort an den Betreiber der Webseite wirres.net vom 13. Oktober 2010: »denkst du, ich schreibe bücher aus überzeugung? kann ich von tauschbörsenrelevanz meine teuren hobbies bezahlen? wenn ich so ärmlich und ohne jeden stil leben würde wie (...), dann wäre das vielleicht okay, aber ich brauche 10 000 netto im monat, da kann ich mich nicht mit diesem kinder-relevanzshit auseinandersetzen.«[8] Geht es indes um Persönlichkeitsrecht im Netz, und nicht ums eigene Copyright, fordert Lobo letztlich dazu auf, den Respekt, den wir im direkten Umgang miteinander erwarten, beim Umgang im Netz fallenzulassen. Damit ist er nicht allein. Das bedeutet in letzter Konsequenz, an den Schutz der persönlichen Ehre in der digitalen Welt geringere Anforderungen zu stellen als in der realen Welt. Man kann vor einer solchen Zweiteilung nur warnen. Der Umgangston im Netz wird sich nicht von alleine regeln. Dort genauso wenig wie im wirklichen Leben. Im Gegenteil: Die Möglichkeit, anonym zu bleiben, begünstigt Straftaten gegen die persönliche Ehre. Es ist kein einziger plausibler Grund erkennbar, warum man üble Nachrede, Verleumdung oder Beleidigung im Internet eher akzeptieren sollte als im direkten Umgang. Zumal Äußerungen im Netz im Zweifelsfall ewig stehenbleiben. Was man einmal eingestellt hat, lässt sich kaum wieder einfangen. Umso sensibler muss man dort miteinander umgehen und umso eher müssen die erprobten Regeln und Gesetze aus der Zeit vor dem Netz auch dort angewandt werden.

Völlig unverständlich erscheint es offenbar Bloggern, wenn von Beleidigungen, Unwahrheiten und sonstigen Rechtsverletzungen im Netz Betroffene anwaltliche Hilfe in Anspruch nehmen. »Im Fall einer Diffamierung sollten sie versuchen, die Angelegenheit kommunikativ zu klären«, sagt Lobo und räumt ein: »Das funktioniert aber zugegebener Maßen nicht immer.«[9] Nicht immer ist leicht untertrieben. Aus anwaltlicher Praxis lässt sich berichten, dass bei Internetschmähungen ein größerer Teil der Mandanten bereits selbst versucht hat, die Verantwortlichen zur Löschung des Eintrags zu bewegen. Häufig reagieren diese gar nicht oder machen sich aus der Bitte um Löschung noch einen Spaß und veröffentlichen das Aufforderungsschreiben, versehen mit höhnischen Kommentaren. In wieder anderen Fällen erfolgt die Schmähung anonym, so dass Beleidigungen oder unwahre Behauptungen nur über eine Strafanzeige angegangen werden können, denn nur die Staatsanwaltschaft ist als Ermittlungsbehörde in der Lage, über technische Verfahren den Rechner ausfindig zu machen, von dem aus die Rechtsverletzung begangen wurde.

Im Grunde verlangt Lobo, den Dieb doch erst einmal anzusprechen, mit der Bitte, nicht mehr zu klauen – und dann, wenn er es hoch und heilig verspricht, die Sache auf sich beruhen zu lassen. Das kann im Einzelfall funktionieren, die Realität sieht aber meist anders aus. Erst formaljuristische Schritte zur Löschung des gerügten Inhaltes bringen Bewegung in die Sache. Sollte eine rechtsverletzende Behauptung dann immer noch nicht getilgt werden, kann gegen den Verursacher gerichtlich vorgegangen werden, zum Beispiel mit einer einstweiligen Verfügung, mit der das Gericht die weitere Darstellung der gerügten Behauptung im Netz verbietet. Erst diese Schritte führen in der Regel zu einer geeigneten Lösung für den Betroffenen.

Was sich da manche Internetaktivisten ausmalen, ist teilweise die Idealwelt eines fairen Umgangs im Netz, die es nicht gibt. Die Vorstellungen von Internetaktivisten kommen manchmal daher, als sei mit dem Internet ein quasi rechtsfreier Raum oder zumindest ein Raum geschaffen worden, in dem das »Gesetz des Dschungels« gilt, in dem jeder alles darf. Diese Vorstellungen haben mit der Realität nichts zu tun. Denn nur weil Beleidigungen und persönliche Angriffe nun im Netz stattfinden und nicht in der Zeitung, auf dem Flugblatt oder »von Mund zu Mund«, leiden die Menschen nicht weniger darunter als früher. Das Ehrgefühl ist uns nicht abhanden gekommen. Im Gegenteil: Weil solche Äußerungen weltweit abrufbar sind, fühlen sich die Betroffenen noch schutzloser.

»Spick mich«: Ein Interneturteil mit Folgen

Unser Leben spielt sich in unterschiedlichen sozialen Sphären ab: der Familie, dem Freundes- und Bekanntenkreis, dem beruflichen Umfeld, bei Kindern und Jugendlichen der Schule. In einer richtigen Öffentlichkeit mit Wahrnehmung durch die Massenmedien stehen die wenigsten von uns. Doch auch der ziemlich enge soziale Kreis, beispielsweise rund um die Schule, kann heutzutage zur Weltbühne werden. Das war nicht immer so. Wir erinnern uns: Das Öffentlichste an der Schule waren bis vor gut zehn Jahren die Schülerzeitungen und der Artikel in der Lokalzeitung über die Schultheateraufführung. Manchmal kam das Fernsehen, wenn ein Schüler den Wettbewerb »Jugend forscht« gewonnen hatte. Grundsätzlich ist nichts dagegen einzuwenden, wenn auch Schule öffentlich wahrgenommen wird – mit den Leistungen, die Schüler und Lehrer hier, häufig in ihrer Freizeit, erbringen. Bislang herrschte aber Einigkeit darüber, dass die Unterrichtsleistungen von Schülern und Lehrern eine schulinterne Angelegenheit bleiben sollten, damit Lernen in einer vertrauensvollen Atmosphäre ohne störende Einflüsse von außen möglich war. Doch mittlerweile ist zumindest die Leistung der Lehrer zum Gegenstand breiter öffentlicher Erörterung geworden.

Den Anstoß zu der Debatte lieferte eine Deutschlehrerin vom Niederrhein, die sich im Jahr 2007 entschied, in eine juristische Auseinandersetzung mit dem Internetportal *spickmich.de* einzutreten. Dass der Fall grundsätzliche Bedeutung erlangen würde und am Ende der Verlust einer weiteren bisher geschützten Sphäre zu beklagen sein sollte, konnte die Lehrerin damals nicht ahnen. Sie störte sich am Inhalt der Plattform, auf der Schüler ihre Lehrer und Schulen bewerten können – natürlich mit Schulnoten von 1 bis 6. Ganz korrekt ist diese Beschreibung allerdings nicht, denn tatsächlich ist es nicht nur Schülern möglich, Lehrer zu benoten. Vielmehr kann sich auf der Seite letztlich jeder »Interessierte« einloggen und anonym Bewertungen über fachliche Kompetenz, Motivation, Beliebtheit, Prüfungsfairness oder Auftreten abgeben. Mindestens zehn Schüler einer Schule müssen den betreffenden Lehrer benotet haben, bevor die Bewertung online erscheint, so die Feststellungen des Bundesgerichtshof in der letztinstanzlichen Entscheidung zu dem Fall. Sollten Nutzer Zweifel an Bewertungen haben, können sie dies über einen Button melden.

Die Lehrerin vom Niederrhein kam lediglich auf einen Bewertungsschnitt von 4,3 – also ein knappes Ausreichend. Auf der Seite so aufzutauchen gefiel ihr nicht, deswegen klagte sie gegen die Veröffentlichung von Benotungen durch ihre Schüler. Das Landgericht Köln erließ zunächst zwar eine einstweilige Verfügung zugunsten der Lehrerin. Es blieb allerdings die einzige positive Entscheidung für sie in dem Verfahren. Die einstweilige Verfügung wurde vom Landgericht Köln nach dem Widerspruch der Spickmich-Macher aufgehoben. Die Begründung, kurz gefasst: Ein Lehrer kann sich nur gegen unwahre Behauptungen und Schmähungen auf einer solchen Website wehren, nichtbeleidigende Bewertungen seiner Person hingegen muss er hinnehmen. Bei *spickmich.de* handele es sich nicht zwingend um ein »öffentliches« Portal, da man die Bewertungen nur einsehen könne, wenn man sich eingeloggt habe, daher sei keine große Breitenwirkung gegeben. Die Lehrerin klagte sich durch die Instanzen, was vor allen Dingen den Spickmich-Machern in die Hände spielte, denn jede neue Entscheidung in der Sache bedeutete Promotion für sie. Hatte *spickmich.de* 2007 lediglich eine sechsstellige Anzahl von Nutzern, so waren es nach eigenen Angaben im März 2010 mittlerweile über 1,6 Millionen. Der Bundesgerichtshof entschied letztinstanzlich, dass die Benotung der niederrheinischen Pädagogin zulässig ist. Dabei berief sich das höchste deutsche Gericht in Zivilsachen darauf, dass keine schutzwürdigen Interessen der Lehrerin bestünden, eine solche Veröffentlichung zu verhindern, zumal die Seite zugangsbeschränkt sei, weil man sich anmelden müsse. Weder das Datenschutzrecht noch das Persönlichkeitsrecht der Lehrerin gäben ihr die Möglichkeit, solche Bewertungen zu verhindern, solange sie nicht beleidigend seien oder Unwahrheiten enthielten. Unberücksichtigt blieb hierbei der ebenso geltende Rechtsgrundsatz, dass niemand eine namentliche Erwähnung in der Öffentlichkeit ohne weiteres hinnehmen muss.

Die Richter verkennen ferner, dass die Zugangsbeschränkungen für die Seite in Wirklichkeit keine sind. Würde die Angabe eines Ortes (hier einer Schule), des Namens, des Vornamens und einer E-Mail-Adresse dazu führen, dass eine Seite nicht öffentlich ist, so müsste man auch behaupten können, dass Facebook nicht öffentlich ist. Dies trifft natürlich nicht zu. Jeder, der sich für irgendeinen deutschen Lehrer und seine berufliche Leistung interessiert, kann sich bei *spickmich.de* einloggen, die Bewertungen abrufen und gegebenenfalls unter Angabe von falschen Daten sogar selbst Noten hinzufügen.

Das Bundesverfassungsgericht schloss sich dem BGH an, der Aktendeckel ist geschlossen. Wie die Autoren dieses Buches als Anwälte an der Basis aus leidvoller Erfahrung wissen, sind sich die Herren in den roten Roben in Karlsruhe der Folgen dieses Spruches sicherlich nicht vollständig bewusst. Letztlich bekommt die Internet-Community mit dieser Entscheidung einen Freibrief an die Hand, jeden in seinem beruflichen Tun namentlich zu bewerten und im schlimmsten Fall auch zu diffamieren. Mit dem Recht des Einzelnen, selbst zu entscheiden, wann und wie er öffentlich auftaucht, hat eine solche Sicht nichts mehr zu tun. Die Folgen sind noch gar nicht abzusehen. Die Diskussion wird weitergehen.

Mit dieser Grundsatzentscheidung ist nun Realität, woran vor zehn oder fünfzehn Jahren niemand zu denken gewagt hätte: dass der Unterricht von Lehrern zum Abstimmungsgegenstand in der Öffentlichkeit wird. Dies nicht etwa in einer Schülerzeitung, auf einem Flugblatt oder bei der Abiturfeier – nein, im Internet, letztlich für jeden abrufbar. Lehrer müssen sich heute also im Grunde weltweit dafür verantworten, wie sie ihren Unterricht gestalten.

Wer die Notenbewertung bei *spickmich.de* für sinnvoll hält, blendet einen wichtigen Aspekt aus: Mag eine schulinterne Internetseite, die tatsächlich nur von Schülern, Lehrern und Eltern der betreffenden Schule eingesehen werden kann, noch einen gewissen Sinn und Informationsgehalt für die Beteiligten haben, so erschließt sich dies bei einer weltweiten Öffnung der Seite gerade nicht. Es stellt ja niemand in Abrede, dass sich Lehrer auch Kritik zu stellen haben, aber doch wohl in direktem Kontakt mit den anderen Beteiligten an der Schule, insbesondere den Schülern und gegebenenfalls auch den Eltern. Hinzu kommt – und da sind wir bei der entscheidenden Frage –, dass gar nicht absehbar ist, welche sozialen Folgen eine solch weite Verbreitung beruflicher Bewertungen auf die einzelne Schulgemeinschaft haben wird. Wer möchte schon gerne durch seine Heimatstadt laufen und von Nachbarn hinterhergerufen bekommen, dass er der am schlechtesten bewertete Lehrer im ganzen Landkreis ist? Auch das Schüler-Lehrer-Verhältnis wird unter diesem Freibrief für anonyme Kritik leiden. Das Lehrerbewertungsforum ist eine Einbahnstraße; es wird kein Schülerbewertungsforum für Lehrer geben, da schon der Schutz von Kindern und Jugendlichen nach dem Grundgesetz über jedem Interesse an einer Veröffentlichung stehen würde.

Dass sich Schüler über Lehrer ärgern, ist Alltag und allzu häufig berechtigt. Doch nun ist der Weg frei, die Kritik anonym und ohne persönliche Konsequenzen im Netz loszuwerden, anstatt wie früher zu versuchen, den Grund für den Ärger durch Gespräche aus dem Weg zu räumen. Hierzu gibt es in sämtlichen Urteilen keinerlei Ausführungen, obwohl dies durchaus Argumente für den Schutz der Daten und des Persönlichkeitsrechts von Lehrern wären. Insofern hat der Philologenverband Nordrhein-Westfalen recht, wenn er in einer Pressemitteilung vom 23. Juni 2009 zum Urteil des Bundesgerichtshofes anmerkt: »Nicht alles, was juristisch nicht zu beanstanden ist, ist gleichermaßen pädagogisch sinnvoll und menschlich verantwortbar.« Übrigens: In Frankreich wurde im Jahr 2008 ein Notenbewertungsportal (*note2be.com*) insoweit verboten, als Schüler ihren Lehrern dort unter Angabe von deren Klarnamen keine Noten mehr geben durften. Sie können in dem Portal jedoch weiterhin ihre Schule bewerten.

Tatsächlich ist nämlich der Weg von der nun höchstrichterlich erlaubten Kritik am Lehrer zum virtuellen Spießrutenlauf nicht weit. Lehrer können, wie es der Deutsche Philologenverband ausdrückte, schnell zum »digitalen Freiwild« werden. In Süddeutschland montierte eine Gruppe Schüler von vierzehn Jahren und jünger ein Foto eines Lehrers, der einen Kumpel schlecht benotet hatte, in das Video einer Hinrichtung. Sie stellten das »Werk« auf eine Videoplattform ins Internet. Schüler aus Nordrhein-Westfalen erstellten pornographische Montagen von Schülern und Lehrern beim Sex. Als Vorlage verwandten sie gekaufte Pornofilme, die in Klassenzimmern gedreht waren. Das Ganze wirkte erschreckend realistisch. Erst nach einer Weile bemerkte die Schulleitung die Videos im Netz. Schülerinnen einer Mädchen-Realschule legten auf einer Singlebörse im Internet ein fiktives Benutzerprofil mit dem Spitznamen eines älteren Lehrers der Schule an. Sie trugen dort ein, dass der Lehrer angeblich auf blonde Kinder mit langen Haaren stehe. Von diesen Beispielen berichtet der Artikel *Pornomontagen und Hinrichtungsvideos* auf *spiegel.de* am 12.06.2007. Solche »Scherze« bringen die Opfer in massive Erklärungsnot. Vorfälle dieser Art als harmlose Streiche anzusehen zeugt entweder von falsch verstandener Liberalität oder schlicht von Dummheit. Es sind strafbare Handlungen, die von den Behörden verfolgt werden müssen.

An dieser Stelle sei auch gleich den Internet-Apologeten entgegengetreten, die uns weismachen wollen, dass sich durch die Möglichkeiten im Netz an den Diffamierungen an sich doch nichts geändert habe. Motto: Wer heute im Netz andere beleidigt, mobbt oder verleumdet, hat eben früher einen Zettel ans Schwarze Brett gehängt, ein Flugblatt verteilen lassen oder Kot vor die Haustür des Angegriffenen gelegt. Das ist aber nicht dasselbe – weder in der »Produktion« noch in der Wirkung. Wir können heute am heimischen Schreibtisch mit kostenlosen Mitteln aus dem Internet innerhalb weniger Minuten eine Hassseite gegen jeden entwerfen, dem wir an den Karren fahren wollen. Zudem ist es möglich, die Internetseite im Ausland hosten zu lassen, so dass es schwieriger wird, das Angebot abzuschalten und den Übeltäter in Deutschland zu ermitteln. Beim »Dissen« übers Netz gibt es wegen der gefühlten Anonymität eine viel niedrigere Hemmschwelle als beim Basteln eines Flugblattes. Die Beleidigung per Computertastatur ist einfacher und risikoloser als das Kotwerfen in beleuchteten Straßen vor die Wohnungstür der Hassperson. Und: Die Wirkung der digitalen Beleidigung ist unendlich viel größer. Wenn Schüler die angebliche Kontaktanzeige des verhassten Lehrers ans Mitteilungsbord der Schule heften, lesen das ein paar Mitschüler und das Lehrerkollegium. Veröffentlichen sie die Anzeige in einem Partnerschaftsportal, erreichen sie einen Leserkreis von Hunderttausenden Nutzern. Wer ein Gewaltvideo mit dem Bild des Lehrers auf einer Webseite einstellt, hat potentiell die ganze Welt als Adressaten, ganz sicher aber Freunde und Bekannte des Betroffenen. So was nennt man Rufmord.

Wer schützt Schüler und Lehrer vor solchen Auswüchsen? Die Möglichkeiten des Internets halten für Schulen Herausforderungen bereit, auf die besonders die Lehrer häufig nicht vorbereitet sind. Der Vorsitzende des Philologenverbands, Heinz-Peter Meidinger, sagte *Spiegel Online* am 12. Juni 2007: »Ich bin für mehr Aufklärung an den Schulen, denn oft ist das Unrechtsbewusstsein der Schüler noch nicht ausgebildet. Und wenn Eltern sehen, was ihre Kinder anstellen, fallen sie aus allen Wolken. Im Grunde müssen wir die Schüler vor sich selbst schützen.«

Doch welche konkreten Hilfen gibt es? Die Behörden versuchen es zum Beispiel mit Aufklärung. So hält das nordrhein-westfälische Schulministerium Informationen zum Umgang mit Cyber-Mobbing bereit, und zwar nicht nur Broschüren mit Hilfen für betroffene Schüler, sondern auch Handlungsempfehlungen gegen das »Mobbing von Lehrkräften im Internet«.

Wie wirkt es auf Schüler, wenn sie täglich in den Nachrichten sehen, dass nicht nur ihre Pauker vom Netz wenig verstehen, sondern auch die Politiker nicht in der Lage sind, den Schutz der persönlichen Daten durch soziale Netzwerke sicherzustellen? Wenn der Verbraucherschutzministerin nichts anderes einfällt, als aus Protest mit der Kündigung ihres Facebook-Accounts zu drohen – was Mark Zuckerberg und Co. nicht die Bohne interessiert. Die Formel »Mehr Medienkompetenz an die Schule« darf kein politisches Schlagwort bleiben, sondern muss rasch umgesetzt werden. Wer interessierten Schülern Informatikkurse anbietet, in denen sie lernen, am Rechner zu programmieren oder Webseiten zu gestalten, muss die Schüler auch als Nutzer dieser Technik unterrichten. Das braucht kein Unterrichtsfach zu sein; regelmäßige Schulungen für den Umgang im Netz wären ein Anfang. Und vor allem: An jeder Schule sollte es einen Lehrer als Vertrauensperson in Computerfragen geben. An ihn könnten Schüler sich wenden, wenn sie sich zum Beispiel im Netz verfolgt fühlen.

Medienopfer: Kollateralschäden der schönen neuen Welt?

In Zeiten allgegenwärtiger Skandale hören wir des Öfteren von Prominenten, sie seien durch eine »Kampagne« zum Medienopfer geworden. Meist steckt dahinter wenig anderes, als dass sie eine schlechte Presse hatten oder eigenes Fehlverhalten zu kritischen Berichten geführt hat. Diese Prominenten sind aber keine wirklichen Medienopfer. Medienopfer ist in erster Linie derjenige, der nicht in die Medien will und trotzdem darin vorkommt: der einfache Bürger, der sein Leben in selbstgewählter Anonymität lebt und aus dieser plötzlich herausgerissen wird – sei es, weil er zufällig Opfer eines Verbrechens, eines Unfalls oder einer Naturkatastrophe geworden ist, sei es, weil er aufgrund angeblichen Fehlverhaltens plötzlich das Interesse der Medien erregt, oder sei es, weil er einfach nur zur falschen Zeit am falschen Ort war.

So wie der dreiundzwanzigjährige Marcel Wulff[10] aus Berlin, der sich ungewollt zur besten Sendezeit im Fernsehen wiederfand. Dabei hatte sich Marcel eigentlich nur mit seinen Freunden zu einem langen Abend in der heimischen Diskothek verabredet. Vorher traf man sich bei einem der Kumpels, trank Bier und ein paar Schnäpse und machte sich anschließend auf in die Disko. Der Samstagabend-Spaß nahm seinen Lauf, ohne dass zunächst etwas Auffälliges passierte.

Was dann geschah, schildert Marcel im Gespräch mit den Autoren dieses Buches so: »Gegen 3.00 Uhr morgens hatte ich in der Nähe der Bar ein kleines Wortgefecht mit einem anderen Besucher. Nichts Außergewöhnliches. Ich kann mich gar nicht mehr erinnern, worum es ging. Als ich schließlich wieder an der Bar war, wurde ich von einem Security-Mann der Disko plötzlich unsanft nach vorne zum Ausgang getrieben. Aus dem Augenwinkel bemerkte ich dabei ein gleißendes Licht. Wie ich hinterher realisierte, gehörte es zu einer Kamera. Das habe ich aber damals nicht kapiert. Ich war zu betrunken, um noch irgendwas genau zu realisieren. Der Security-Mann verwickelte mich in eine Diskussion. Plötzlich wurde ich in den Polizeigriff genommen und von zwei Sicherheitsmännern zum Eingang geschleift. Immer mit dabei das gleißende Licht, das ich nicht zuordnen konnte. Als ich draußen in der Kälte stand, wurde ich von einer Person angesprochen, die jemanden mit einer Kamera und wieder diesem Licht im Schlepptau hatte. Völlig betrunken checkte ich nun überhaupt nichts mehr, redete ein paar Worte mit dem Mann und wankte dann gemeinsam mit meinen Freunden nach Hause.«

Dieser Zwischenfall war noch nicht der eigentliche Schock. Der kam erst ein paar Tage später, als Freunde Marcel informierten, dass sie ihn im Fernsehen gesehen hätten: »Ich fragte nur: Wo denn? Sie sagten mir, dass ich eine der Hauptpersonen eines zehnminütigen Berichts über Sicherheitsleute gewesen sei. Sowohl die Szene im Polizeigriff als auch mein miserabler Anblick seien bestens zu sehen gewesen. Ich fand die Sendung tatsächlich auch auf der Internetseite des Senders und sah mich das erste Mal, obwohl ich nie etwas mit Medien zu tun gehabt hatte, im Fernsehen – und dann in diesem lausigen Zustand. Niemand hatte mich gefragt, ob ich damit einverstanden bin. Ich schrieb also hastig einen Brief an den Sender, in dem ich mir weitere Ausstrahlungen verbat.«

Man könnte sagen, dass dies ein typischer Fall ist, wie jemand zum Medienopfer wird. Der Sender machte eine Geschichte über den Job des Türstehers vor einer Disko, und da genügte es natürlich nicht, lediglich zu zeigen, wie die Breitschultrigen in ihr Walkie-Talkie sprachen. Da musste Action her. Da kam Marcel Wulff mit seinem angetrunkenen Kopf gerade richtig.

Ein Zeichen der Verrohung von Medien ist, dass der ausstrahlende Sender nicht etwa einlenkte, als Marcel Wulff Schmerzensgeld für die Demütigung forderte. Stattdessen musste der junge Mann durch einen mehrjährigen Gerichtsprozess, an dessen Ende ihm ein Schmerzensgeld im niedrigen fünfstelligen Bereich zugesprochen wurde. Selbst in derart eindeutigen Fällen des Eindringens in die Privatsphäre eines Menschen streiten Medienunternehmen mit den Opfern bis aufs Blut. Der betreffende Sender behauptete, der – erkennbar schwankende – Diskobesucher hätte in die Ausstrahlung eingewilligt, indem er dem Reporter vor der Tür die Hand gab. Dabei »übersahen« die Fernsehleute, so wie viele Medien es heutzutage tun, dass nicht die Betroffenen von Berichterstattungen beweisen müssen, dass sie mit einer Berichterstattung nicht einverstanden waren. Vielmehr ist es Aufgabe der Medien, der Person vorab mitzuteilen, wo sie das Foto oder Video von ihr verwenden wollen, und dann eine entsprechende Einwilligung einzuholen.

Solche Fälle sind keineswegs eine Petitesse. Bei Marcel Wulff lief zur Zeit der Berichterstattung gerade eine Bewerbung auf eine Stelle im sicherheitsrelevanten Bereich. Wochenlang quälte sich der junge Mann mit dem Gedanken, dass einer seiner potentiellen zukünftigen Vorgesetzten den Bericht gesehen haben könnte. Selbstverständlich hätte ein angeblicher Schläger, der mit blutender Nase im Fernsehen zu begutachten ist, bei einer Bewerbung im öffentlichen Dienst keine Chance. Dazu kam es zum Glück nicht. Marcel Wulff musste allerdings über Wochen mit dieser Angst leben.

Nicht besser erging es der Schülerin Lisa Loch, deren Fall vor einigen Jahren traurige Bekanntheit als einer der schlimmsten Medienexzesse in Deutschland erlangte. Lisa Loch hatte den »Fehler« gemacht, sich im Jahr 2001 bei einer Miss-Wahl in Köln vorzustellen. Dabei sagte die damals Sechzehnjährige ins Mikrofon eines anwesenden Fernsehsenders: »Mein Name ist Lisa Loch, und ich bin sechzehn Jahre alt.« Stefan Raab, in den Medien schon als »des Teufels Moderator« bezeichnet, fand die Vorstellung der Frau mit dem aus seiner Sicht anrüchigen Namen offenbar so lustig, dass der kurze Clip über Tage in der Sendung »TV total« lief – garniert mit Anzüglichkeiten Raabs. Er brachte sie in schlechten Witzen mit der Pornobranche in Verbindung.

Die Folgen für die Gymnasiastin aus gutem Hause waren verheerend. Ihr Anwalt sprach später von einem »Spießrutenlauf«. Anonyme Anrufer meldeten sich mit anzüglichen Bemerkungen auf dem privaten Telefonanschluss der Familie und legten gleich wieder auf. Überall wurde die Schülerin angesprochen, ihr wurden dumme Sprüche hinterhergerufen. Das Niveau dieser Anmachen war, wie man sich leicht vorstellen kann, nicht besser als die Geschmacklosigkeiten von Raab. Einige Monate später zerrte der Moderator Lisa Loch dann ein zweites Mal an die Öffentlichkeit. Als es im Rahmen der Diskussion um das Wahlalter Vorschläge der Grünen gab, dieses auf sechzehn Jahre abzusenken, »scherzte« Raab mit der Gründung der »Lisa Loch Partei« und präsentierte ein »Wahlplakat« mit dem Spruch: »Loch für alle.« Der Spießrutenlauf für das junge Mädchen begann erneut. Ihre Eltern brachten sie zeitweilig in ein Ferienhaus nach Norddeutschland, um sie zu schützen.

Vor solchen Auswüchsen der Medien kann die Betroffenen nur noch das Recht schützen – und auch das ist manchmal schwierig. Im Fall Lisa Loch beispielsweise verzichtete Raab zwar auf Rechtsmittel gegen eine Unterlassungsverfügung vom Gericht. Schmerzensgeld wollte der Moderator allerdings nicht gewähren. Auch Lisa Loch musste den schweren Gang durch zwei Gerichtsinstanzen gehen, bekam schließlich vom Oberlandesgericht aber immerhin ein Schmerzensgeld von 70000 Euro zugesprochen.

Im März 2009 fasste Lisa Loch in einem Interview mit der Zeitung *tz* ihre Erfahrungen zusammen: »Ich ging durch die Hölle.« Wenn sie in der Apotheke ein Rezept einlöste oder im Supermarkt mit EC-Karte bezahlte, hätten die Leute sie immer komisch angeschaut. »Das war einfach nur schrecklich.«

Dabei sind mediale Grenzüberschreitungen nicht neu. Man erinnere sich nur an den Fall Vera Brühne aus den sechziger Jahren. Brühne stand im Verdacht, gemeinsam mit ihrem Geliebten den Münchner Arzt Otto Praun und dessen Haushälterin umgebracht zu haben. Damals gab es eine geradezu unfassbare Hetzjagd der Medien. Die attraktive junge Frau wurde als »geldgieriges Luder« bezeichnet und bereits vor Beginn des Prozesses als Schuldige dargestellt. In seinerzeit nicht gekannter Weise spekulierten die Medien über angebliche erotische Ausschweifungen Vera Brühnes. Trotz juristischer Zweifel an ihrer Täterschaft und der immer wieder geäußerten Vermutung einer politischen Einflussnahme auf das Verfahren wurde Brühne zu lebenslanger Haft verurteilt. Die Spekulationen und Enthüllungsstorys über ihr Privatleben machen Vera Brühne auch aus heutiger Sicht zu einem klassischen Medienopfer.

Während es sich damals um einen absoluten Einzelfall handelte, gehört das Medienopfer heute genauso zur Berichterstattungsindustrie wie der Prominente, der sich mit seinem Privatleben outet, oder wie die Castingshow. Die

Privatsphäre einer völlig unbekannten Person wird an die Öffentlichkeit gezerrt, um damit Kasse zu machen. Besonders bei den Boulevardzeitungen ist das Schicksal von Unfallopfern, entführten Personen, Opfern häuslicher Gewalt und Ähnlichem ein wichtiger Bestandteil der Berichterstattung. Journalisten klingeln bei Bekannten oder Freunden von Unglücksopfern, um an Informationen zu kommen, sie durchforsten soziale Netzwerke nach privaten Fotos von Verunfallten oder stehen bei Verbrechensopfern am Krankenbett. Auf dem Weg zur spektakulär bebilderten Story aus dem Privatleben sind der Phantasie kaum Grenzen gesetzt. Man kann sagen, dass die Verletzung der Privatsphäre zum Geschäftsmodell der Boulevardpresse gehört. Die Häufigkeit rechtswidriger und moralisch fragwürdiger Recherchemethoden hat derart zugenommen, dass sich Wissenschaftler bereits seit einigen Jahren mit diesem Phänomen befassen und die Frage stellen, welche Folgen solche Berichte eigentlich für die Betroffenen haben.

Der Psychoanalytiker Mario Gmür hat ein Krankheitsbild beschrieben, das er selbst »Medienopfer-Syndrom« nennt. In seinem Buch »Der öffentliche Mensch« zählt er einige der Symptome auf: »Depressive Verstimmung, suizidale Phantasien, innere Unruhe, ängstliche Erregtheit, Schlafstörungen, Konzentrationsstörungen, Gefühl der Ohnmacht und Wehrlosigkeit, zwanghafte Rachephantasien, Flashbacks, Schuldgefühle für tatsächliche oder vermeintliche Verfehlungen, die nichts mit dem aktuellen Anlass zu tun haben.«[11]

Besonders erschreckend sind die Unterschiede, die Gmür zwischen den Erfahrungen und Gefühlen des Medienopfers und denen des »normalen« Traumaopfers (beispielsweise nach einem schweren Unfall) ausmacht. Das Unfallopfer sehe sich der Angst vor körperlicher Vernichtung ausgesetzt, während das Medienopfer Angst »vor dem Verlust von Beruf, Stellung, Ansehen und Freundschaften« habe.[12] Wer mit peinlichen oder verletzenden Erfahrungen aus dem Privatleben ungewollt in den Medien auftaucht, kann gegebenenfalls länger und intensiver leiden als ein Mensch, der ein körperliches Trauma erlebt hat.

Gmür beschreibt hier genau das, was beispielsweise Marcel Wulff und Lisa Loch erlebt haben, nachdem man sie medial vorgeführt hatte. Solche Gefühle können aber nicht nur bei den unmittelbar von der Berichterstattung Betroffenen entstehen, sondern auch bei deren Angehörigen, wie der Fall des Amoklaufs von Winnenden zeigt. Niemand vermag sich die unendliche Trauer vorzustellen, mit der die Eltern und Angehörigen von fünfzehn Menschen leben müssen, die bei dem Amoklauf des Tim K. am 11. März 2009 in Winnenden ums Leben kamen. Erschossen von einem jungen Mann, dessen Motive bis zum heutigen Tag nicht vollständig klar sind. Jenseits der Suche nach den Gründen für die Tat, jenseits der Frage einer Verschärfung des Waffenrechtes sagen die Ereignisse von Winnenden und ihre mediale Aufarbeitung einiges über den Zustand der Medien aus. Der Fall Winnenden zeigt auch, welche fatalen Folgen der Verlust des Privaten für ganz normale Menschen, die in eine Extremsituation geraten sind, bereits jetzt hat.

Am 15. März 2009 machte die auflagenstärkste Sonntagszeitung, die *Bild am Sonntag*, mit der Überschrift »Der Sonntag der Trauer« auf und veröffentlichte Fotos von vierzehn der fünfzehn Opfer des Tim K. auf der Titelseite. Im Innenteil wurden weitere Fotos abgedruckt. Zu einem der Bilder hieß es: »Sie hatte an die Haustür des Mehrfamilienhauses (…) einen Zettel geklebt, auf dem sie sich bei den Nachbarn entschuldigte, sollte die Musik lauter werden. Unter den Gästen: bestimmt auch ihre beste Freundin, mit der sie oft zu Hip-Hop-Musik auf der Straße tanzte. Sie stellte ein Foto von (…) am Ort des Schreckens auf. (…) Es zeigt die beiden Mädchen in inniger Umarmung.« Ein voyeuristischer Blick in das Leben von getöteten Menschen, sensationsheischend, ohne dass der Leser das Tatgeschehen dadurch besser begreifen könnte.

Am nächsten Tag brachte auch der *Focus* die Bilder von Opfern des Amoklaufs auf der Titelseite. Andere Medien, wie beispielsweise der *Stern*, verwendeten sie für große Fotostrecken im Innenteil. Bei einigen der Bilder handelte es sich um Profilfotos der verstorbenen Kinder und Jugendlichen aus sozialen Netzwerken. Jugendliche können hier gemeinsame Interessen teilen, sich in Gruppen und Foren verabreden, Nachrichten aus ihrem Alltag verschicken oder mitteilen, was sie gerade machen. Zur Vollständigkeit eines solchen Profils gehört in der Regel ein Profilfoto sowie zum Teil eine Galerie mit weiteren Fotos. Diese Bilder sollen eigentlich nur einer begrenzten Öffentlichkeit zur Verfügung stehen, denn bei manchen Netzwerken muss man versichern, dass man Schüler ist und insofern zum gewünschten Nutzerkreis der Seite zählt. Gewiefte Reporter wissen natürlich, wie sie derartige Vorgaben umgehen. Ihre Recherchekünste scheitern meist erst dann, wenn ein Jugendlicher seine Fotos in einem geschützten Bereich speichert, der nur seinen Freunden zugänglich ist.

Schon urheberrechtlich ist die Entnahme von Bildern aus einem sozialen Netzwerk durch Medien ein höchst problematischer Akt. Die Fotos sind durch das Urheberrecht geschützte Bildnisse, an denen der Fotograf gewöhnlich die Rechte hält. Nur er darf bestimmen, ob und wo ein solches Bild veröffentlicht wird. Medienvertreter dürften im Fall Winnenden in aller Regel bei den Urhebern nicht um Erlaubnis gefragt haben, zumal sie meist nicht gewusst haben dürften, wer die Fotografen sind. Zum Teil haben Medien in solchen Fällen sogar die Chuzpe, als Quellenangabe hinzuzufügen: »schülerVZ«.

Noch problematischer ist aber die Nutzung des Bildnisses eines Verstorbenen, sei es, dass er es selbst auf einer Internetseite eingestellt hatte, sei es, dass die Redaktion es von Bekannten oder Freunden des Verstorbenen bekommen hat. Ungeachtet der moralischen Fragwürdigkeit, trauernden Angehörigen auch noch das Antlitz des verstorbenen Kindes in millionenfacher Auflage zu präsentieren, beurteilen Pressegerichte derartige Entnahmen von Fotos aus sozialen Netzwerken in der Regel als rechtswidrig. Das Persönlichkeitsrecht, das im Fall des Todes beispielsweise von den Eltern wahrgenommen wird, schützt also eigentlich vor Veröffentlichungen, zu denen man keine Einwilligung gegeben hat. Der deutsche Presserat, die »freiwillige Selbstkontrolle der Presse in Deutschland«, hielt allerdings Opferbilder des Amoklaufs für zulässig. Der »dezente Umgang in diesen Bildergalerien ohne sensationelle Aufmachung und unangemessene Formulierungen, sondern lediglich mit dem Hinweis, dass es sich im Folgenden um die Opfer des Amoklaufs handelt« sei nicht zu beanstanden. Offenbar ist dem Deutschen Presserat das Recht am eigenen Bild nicht bekannt. Dieser Fall zeigt, welch stumpfes Schwert der Presserat bei der Beurteilung von Persönlichkeitsrechtsverletzungen ist.

Nichtsdestotrotz ist festzustellen, dass Medien bei Katastrophen, Unglücksfällen oder Verbrechen immer wieder solche Bildnisse benutzen, die Rechte der Opfer und ihrer Angehörigen also mit Füßen treten. So auch bei zwei Studentinnen, die einen tragischen Unfall erlitten. Hier zeigte die *Bild am Sonntag* blickfangartig Porträtaufnahmen der beiden Frauen, die aus einem sozialen Netzwerk stammten. Eines der Opfer klagte erfolgreich auf Schmerzensgeld. Dass gegen derartiges Bildmaterial vorgegangen wird, stellt einen wichtigen Schutz dar, da auch verhindert wird, dass später, zum Beispiel im Rahmen von Jahresrückblicken oder anlässlich ähnlicher Unglücksfälle, von Medien ein weiteres Mal auf solche Fotos zugegriffen werden kann.

Bei Rechtsstreiten über solche Veröffentlichungen argumentieren Medienunternehmen immer damit, der Betroffene – und sei er auch ein Kind oder ein Jugendlicher – habe sich gegenüber der Öffentlichkeit selbst geöffnet. Nach dem Motto: Wer sich in sozialen Netzwerken mit seinem Foto präsentiert, muss damit rechnen, dass es an anderer Stelle ebenfalls veröffentlicht wird, und zwar dann, wenn es aus Sicht der Medien erforderlich ist. Die Medien unterstellen dem Betroffenen hier sozusagen eine Einverständniserklärung durch eigenes Handeln.

Dieser Argumentation erteilen die Gerichte – jedenfalls aktuell – zumeist eine Absage. Eine kleine Kontrollüberlegung macht deutlich, wie abstrus die Argumentation ist: Jeder, der mit seiner Adresse im Telefonbuch steht, würde sich bei einer solchen Sicht der Dinge mit diesem Eintrag ebenfalls der Öffentlichkeit zuwenden und insofern hinnehmen, dass seine Adresse bei gegebenem Berichterstattungsanlass zum Beispiel in einer Zeitung veröffentlicht wird. Ein solches Einverständnis ist mit der bloßen Adressangabe im Telefonbuch natürlich nicht verbunden, da die Angabe erkennbar nur dem Zweck dient, für Freunde, Bekannte oder Geschäftspartner erreichbar zu sein.

Mag den Medienunternehmen der Erfolg bei gerichtlichen Auseinandersetzungen in diesen Fällen versagt bleiben, muss man doch feststellen, dass es solche Veröffentlichungen immer wieder gibt, die Medien durch Unterlassungserklärungen oder sogar Schmerzensgeldklagen also schwer zu bändigen sind. Manche Rechtsbrüche werden kalkuliert in Kauf genommen. Es kommt häufig vor, dass Redakteure die Rechtsabteilung ihres Medienhauses anrufen und fragen, wie viel die Veröffentlichung eines bestimmten Fotos an Rechtsanwaltshonoraren und gegebenenfalls Schmerzensgeld kosten würde. Dann wird kalkuliert, ob die Steigerung der Einschaltquote oder die höhere Auflage der Zeitung durch die Veröffentlichung spektakulären Bildmaterials diese Kosten übersteigt. Eine einfache Kosten-Nutzen-Rechnung.

Ein Paradebeispiel für das gerade geschilderte Medienverständnis des Boulevards lieferte am 15. September 2010 Dr. Nicolaus Fest, Mitglied der Chefredaktion der *Bild*-Zeitung, bei einer Podiumsdiskussion des Deutschen Presserates zum Thema »Grenzen der Recherche im People-Journalismus – Anforderungen an eine ›lautere‹ Recherche«. Einer der Autoren dieses Buches war als Zuhörer zugegen. Der Deutsche Presserat als Gremium der freiwilligen Selbstkontrolle der deutschen Printmedien hatte just unter anderem den Online-Ableger der

Bild-Zeitung, www.bild.de, für die Veröffentlichung der Nahaufnahme eines Opfers der Loveparade-Katastrophe in Duisburg im Juli 2010 mit einer »Missbilligung« versehen – im Entscheidungsrahmen des Presserates eine mittelschwere Kritik. Das Foto mit dem Untertitel »Die Hand im Tode verkrampft. Auch dieser Mann wurde bei der Panik vermutlich zerquetscht« wurde moniert, weil der Tote anhand seiner auffälligen Armbanduhr, die unter dem Leichentuch hervorschaute, für einen »kleineren Personenkreis« erkennbar sei. Der Untertitel zum Foto sei »unangemessen und sensationsheischend«. Zahlreiche andere Darstellungen auf der Internetseite hielt der Presserat aber nicht für beanstandungswürdig. Dabei gilt bei solchen Katastrophen: Die Beteiligten werden dadurch, dass sie Opfer sind, nicht zu Personen der Zeitgeschichte. Niemand sucht sich aus, in eine solche Situation zu geraten. Also dürfen auch keine Porträtaufnahmen der Opfer geschossen und veröffentlicht werden. Gleichwohl sind zum Beispiel Übersichtsaufnahmen und Bilder von Menschenmengen zulässig, solange keine Herausstellung von Personen erfolgt, die dies nicht wollen.

Dr. Fest konnte die Kritik des Presserats an der Berichterstattung von *bild.de* zur Loveparade nicht nachvollziehen. Zum Wesen der Loveparade gehöre doch, dass da Leute hingingen, die – so Fest sinngemäß – sehr stark von Exhibitionismus oder Voyeurismus getrieben seien. Für ihn bestehe hier ein »merkwürdiges Missverhältnis«. Das seien also Menschen, die kein Problem hätten, fotografiert zu werden, wenn sie dort ihre Brüste entblößten, andererseits aber nicht gezeigt werden wollten, wenn die Sache doch überhaupt erst »journalistisch« werde. Dann nämlich, wenn die Katastrophe passiert.

Es lohnt, dieses Argument genauer zu beleuchten, denn hier zeigt sich, in welch menschenverachtender Weise Boulevardredakteure das Eindringen in die Privatsphäre völlig unbescholtener Menschen rechtfertigen. Fests Argument zu Ende gedacht, hätten die Besucher der Loveparade ihr Recht am eigenen Bild verwirkt, weil sie sich auf einer »exhibitionistischen« Veranstaltung befanden. »Selbst schuld«, so wirkt das zynische Argumentationsmuster des Boulevardmanns. Und das, obwohl nicht nur der Deutsche Presserat dieser Argumentation nicht folgen will, sondern auch die Pressegerichte sie nicht anerkennen. Nur weil sich Privatpersonen auf eine öffentliche Veranstaltung – und sei sie auch »exhibitionistischer« Natur – begeben, verlieren sie nicht das Recht, selbst darüber zu bestimmen, wann und in welchem Zusammenhang Bildnisse von ihnen veröffentlicht werden. Zwar muss, wer Kopf, Brust, Beine oder Po im Rahmen der Medienberichte über die Loveparade beim Tanzen in die Kameras hält, damit rechnen, dass er gefilmt wird und diese Bilder auch veröffentlicht werden. In einer anderen Situation, wenn es also, wie im Fall der Loveparade 2010, zu einer schrecklichen Katastrophe kommt, muss er dies nicht. Hier geht die Menschenwürde vor.

Zum anderen beweist die Argumentation der Medienhäuser und deren damit verbundene Weigerung, sich konsequent an das Verbot der Verwendung privater Fotos und Daten zu halten, welche Gefahren mit dem ungehinderten Zugang zu Nutzerprofilen in sozialen Netzwerken verbunden sind. Niemand rechnet natürlich damit, irgendwann Anlass für eine Berichterstattung zu geben, weil er Opfer eines Verbrechens oder Unfalls geworden ist. Aber: Es kann passieren, und wenn man dann seine privaten

Daten im Internet ungeschützt preisgegeben hat, kommt das böse Erwachen. Aus diesem Grund gibt das Selbstverständnis, mit dem Schüler, aber auch Studenten es darauf anlegen, in sozialen Netzwerken mit ihren privaten Eigenschaften, Aktivitäten und Fotos für alle sichtbar zu sein, Anlass zur Beunruhigung. Hier mangelt es bisher vielfach am kritischen Bewusstsein. Auf die Gefahren aufmerksam zu machen ist eine Aufgabe, der sich die Politik erst langsam stellt, die aber auch im Verantwortungsbereich der Betreiber sozialer Netzwerke liegt. Von den Medien, die Nutznießer des Verlusts der Privatsphäre sein können, ist hier wenig bis keine Unterstützung zu erwarten.

Homestorys und Co.: Das Privatleben als Mittel der Politik

Wer Privates von sich aus öffentlich macht, muss damit leben, dass er teilweise auf den gesetzlichen Schutz der Privatsphäre verzichtet. Er kann sich nicht mehr so leicht darauf berufen, etwas sei privat und dürfe deshalb von den Medien nicht berichtet werden. Und er muss damit leben, dass die Öffentlichkeit Details aus seinem Leben erfährt, die unter Umständen peinlich sind. Dies ist zunächst einmal das Problem jedes Einzelnen. Gesellschaftlich relevant wird die Aufgabe der Privatsphäre dann, wenn Politiker detailliert Einblick in ihr Eheleben, ihre Hobbys und Lebensgewohnheiten geben, denn sie versprechen sich mit diesem Schritt, in der Gunst der Wähler zu steigen. Für immer mehr Volksvertreter wird die Homestory zum Mittel der Politik. Die Folge: Es geht immer weniger um Sachfragen und immer mehr darum, dem Wähler mit einem sympathischen Auftreten auch persönlich zu gefallen. Politiker machen sich damit von (Boulevard-)Medien abhängig, die ihnen die menschelnden Porträts mit Ehefrau und Hund auf dem heimischen Sofa erst ermöglichen. Die politische Auseinandersetzung tritt zurück, oberflächliche Sympathiewerte entscheiden über Wählerstimmen.

Ein Blick zurück: Bis vor wenigen Jahren suchte man Politiker auf dem Boulevard vergebens. Nicht, dass sie zu Zeiten von Kohl, Genscher & Co. keine Interviews in der *Bild*-Zeitung gegeben hätten. Sie äußerten sich dort allerdings zu politischen Themen, die aktuell in der Bevölkerung diskutiert wurden. Irgendwann änderte sich das, und heute ist es völlig normal, dass Ministerpräsidenten, Parteivorsitzende und Bundesminister beinahe wöchentlich in den Boulevardmedien Interviews geben, die mit der Wahrnehmung ihres Amtes wenig zu tun haben. Da sehen wir dann den Herrn Ministerpräsidenten nebst Gattin am Rande einer »Fahrradtour« im Gras sitzen, locker und entspannt in kurzärmeligem Freizeithemd und Jeans. Wir sehen den Minister in seiner Wohnung andächtig über das Schachbrett gebeugt. Denkbar wäre auch ein Parteivorsitzender, der sich als Jazzkenner outet und dem Leser die neuesten Tipps aus dieser Szene mit auf den Weg gibt, mit Kopfhörer auf dem Ohr zwischen seiner Plattensammlung.

Wir haben uns inzwischen so an diese Politikerporträts gewöhnt, dass es beinahe verwundert, wie unsere Volksvertreter bis etwa Ende der neunziger Jahre der Auffassung sein konnten, ohne derartige Personality-Storys in den Boulevardmedien auskommen zu können. Das »Ende der Sachpolitik« (Jörg-Uwe Nieland) begann, auch nach Beobachtung von Soziologen, mit dem Beginn der Berliner Republik. In seligen Bonner Zeiten wussten wir gerade einmal, wie die Ehefrau von Hans-Dietrich Genscher hieß, und vielleicht noch, für welche wohltätige Organisation sie sich einsetzte. Mehr Privates war tabu. Dies war eine allgemein anerkannte Regel im politischen und im politjournalistischen Geschäft. Nur hinter vorgehaltener Hand wurde über angebliche außereheliche Affären von Spitzenpolitikern getuschelt, es blieb aber beim internen Tratsch, nach außen drang nichts. Mittlerweile scheint es, dass der Boulevard die Politiker sehr gut im Griff hat und die Politiker wiederum die Offenlegung ihres Privatlebens als Teil der politischen Selbstvermarktung ansehen.

Es lässt sich gut bestimmen, dass diese Praxis in etwa mit dem Start der rot-grünen Bundesregierung unter Gerhard Schröder im Herbst 1998 begann. Schröder, der Medienkanzler, dem das Zitat zugeschrieben wird, nur »*Bild*, *BamS* und Glotze« zum Regieren zu brauchen, hatte bereits zu Beginn seiner Amtszeit durch Fotoshootings im Designer-Anzug von sich reden gemacht. Auch wenn das seinerzeit – genauso wie sein Auftritt (als Bundeskanzler!) bei »Wetten, dass ..?« – ziemlich scharf kritisiert wurde, markierte dieser neue Umgang mit den Medien einen Wendepunkt. Es ist ja allgemein bekannt, dass sich viele Wähler weniger mit Parteiprogrammen auseinandersetzen als mit der Sympathie für oder der Antipathie gegen bestimmte Politiker. Wahlentscheidungen fallen jedenfalls nicht nur im Kopf, sondern auch im Bauch. Dabei agierte Schröder im Umgang mit den Medien äußerst geschickt und ließ immer nur so viele private Informationen zu, wie er für richtig hielt.

Der Politiker wird mit der Ausstellung seines Privatlebens prominenter, menschlicher, er vereinfacht das komplizierte Geschäft Politik, und er bindet Wähler. So jedenfalls das Kalkül. Nach Ansicht des Politikberaters Klaus-Peter Schmidt-Deguelle haben die Mandatsträger inzwischen auch gar keine andere Wahl mehr, weil sich die Gesellschaft geändert habe: »Viele Leute erreicht man allerdings nur noch über die Boulevard-Presse, die beim Frisör ausliegt. (...) Die Leute, die solche Heftchen lesen, finden es wichtiger, was in irgendeiner Casting-Show passiert, als sich für Politik, Wirtschaft oder andere ernsthafte Dinge zu interessieren. (...) Da viele Medien solchen Themen einen hohen Stellenwert beimessen, lassen sich Politiker und oft auch Wirtschaftsvertreter mit inszenieren, obwohl sie das nicht nötig hätten.«[13]

Ausstellung des Privaten als Zwang der Mediengesellschaft? Das sagt immerhin der Mann, der über Jahre Exfinanzminister Hans Eichel als Medienberater diente und dafür sorgte, dass der aus medialen Gründen – sprich: weil's gut im Fernsehen ankam und alle Zeitungen das Bild druckten – mit dem Fahrrad vom Ministerium in den Bundestag fuhr. Wir erfuhren auch, dass Eichel in Berlin ein kleines Appartement ohne Putzfrau und mit günstigen Möbeln bewohnte. Ganz bescheiden also. Der »Sparminator« und »eiserne Hans« war geboren. Aus dem grauen, langweiligen Politiker wurde ein kleiner Politstar mit passendem Image. Ohne Image und menschliches Bild in der Öffentlichkeit geht es heute anscheinend nicht mehr, wenngleich nach Ansicht von Schmidt-Deguelle der Politiker auch »Intelligenz, Können und Intuition« braucht, um wahrgenommen zu werden.

Privates kann Politiker durchaus sympathisch machen,

manchmal sogar ungewollt. Als der frühere SPD-Kanzlerkandidat Frank-Walter Steinmeier im August 2010 eine Auszeit von der Politik bekanntgab, weil er seiner erkrankten Frau eine Niere spenden wollte, stieß dies auf riesige Sympathie bei den Bürgern. Das ZDF-Politbarometer ermittelte: Steinmeiers Zustimmung bei den Wählern nach »Sympathie und Leistung« stieg von einem Juli-Wert von 1,0 (auf einer Skala von +5 bis –5) auf 1,6 nach Bekanntgabe der bevorstehenden gemeinsamen Operation. Das Ansehen des SPD-Politikers verbesserte sich erkennbar, und zwar nicht wegen einer politischen Entscheidung, sondern wohl wegen eines persönlichen Schrittes, den die Wähler honorierten. Dabei ist glaubhaft, dass er die Organspende nicht instrumentalisieren wollte und tatsächlich damit gerungen habe, wie er seine vorübergehende Abwesenheit erklären solle. Steinmeier agierte in der Situation absolut vernünftig: Sein »Verschwinden« hätte er sowieso früher oder später erklären müssen. Die Medien hätten sonst während seiner Abwesenheit immer weiter recherchiert; besonders dreiste Vertreter der Zunft hätten am Ende wahrscheinlich bei den Steinmeiers vor dem Krankenzimmer gestanden. So half die Flucht nach vorn: Kurz sagen, worum es geht, und gleichzeitig den Wunsch äußern, dass man die Privatsphäre seiner Familie respektieren möge. Die Botschaft kam an; die mediale Begleitung geriet vergleichsweise respektvoll.

Eine paradoxe Situation: Medien veröffentlichen immer mehr Privates über Politiker – und es wird gelesen. Gleichzeitig honoriert die Öffentlichkeit, wenn einer wie Steinmeier klare Grenzen zieht und nur die äußeren Umstände erklärt, aber keine Fotos am Krankenbett zulässt und sich tatsächlich zurückzieht. Kaum vorstellbar, dass man ihm gleichermaßen hohen Respekt gezollt hätte, wenn er in den Boulevardmedien täglich in Wort und Bild über den Genesungsprozess berichtet und damit erkennbar das Private als Mittel der Politik benutzt hätte – sprich, um Wähler zu gewinnen.

Seit längerem scheint es bei Politikern zum guten Ton zu gehören, vor allem in der *Bunte* mit Ehepartner und/oder Familie aufzutreten und mitzuteilen, was sie neben der anstrengenden Politik im Privatleben sonst noch so treiben. Hinter diesen Auftritten stecken häufig Politikberater, die eines grundsätzlich richtig analysieren: Politik ist ein extrem hartes und häufig sehr dröges Geschäft. Es kann also nicht schaden, wenn der Politiker in der Öffentlichkeit ein bisschen menschlicher daherkommt, als sein Job es eigentlich hergibt.

Milliardenschulden, aus dem Ruder laufende Krankenkassenbeiträge und das Wachstumsbeschleunigungsgesetz sind eben nicht besonders sexy. Schon gar nicht tragen sie zur Sympathie beim Wahlvolk bei. Aus Sicht vieler Politikberater steigt die Popularität des eigenen Schützlings, wenn er, statt politische Schwächen oder weitere Kürzungen im Sozialetat einzuräumen, blumig erläutert, wie er am Wochenende – in seiner knappen Freizeit – seiner Frau als guter Geist zur Hand geht und die Spülmaschine einräumt. Natürlich darf der Dank an die Ehefrau für die Unterstützung in vielen gemeinsamen Jahren in einem solchen Porträt nicht fehlen. Und schon gar nicht darf auf den Hinweis verzichtet werden, dass der Politiker selbstverständlich auch andere Interessen als die Politik hat, von dieser keinesfalls abhängig ist und jederzeit den Job an den Nagel hängen könnte, wenn es denn nicht so wäre, dass er für Deutschland seinen Dienst tun möchte. So verlaufen in etwa diese Gespräche, die den Wählern Erhellendes zur Person des Politikmachers mitteilen sollen. Ob die Menschen all dies wissen wollen und ob sie die heimeligen Aussagen in dem Interview für wahrhaftig halten, fragt niemand.

Ein Meister der medialen Selbstvermarktung ist Deutschlands gefallener Politstar Karl-Theodor zu Guttenberg. Es lohnt schon deshalb, sich mit seiner Medieninszenierung zu beschäftigen, weil weder der Freiherr selbst noch größere Teile der Öffentlichkeit ausschließen, dass er nach einer gewissen Karenzzeit wieder auf die politische Bühne zurückkehren wird. Sein Medienverhalten ist aber auch aus einem anderen Grund interessant: Die Plagiatsaffäre um seine Doktorarbeit wurde ja unter anderem deshalb derart hochgekocht, weil zu Guttenberg sich öffentlich so geschickt inszeniert hatte, eine so große »Fallhöhe« hatte. Der Liebling der Massen muss mit besonders viel Häme und Kritik leben, wenn er Fehlverhalten an den Tag legt.

Wie kam es, dass der adlige Freiherr trotz seiner kurzen Amtszeiten als Wirtschafts- und als Verteidigungsminister derart beliebt bei den Deutschen wurde? Zum einen hat es sicher damit zu tun, dass das Publikum den smarten Bayern noch nicht seit vielen Jahren aus dem Fernsehen, aus Reden, Vorträgen und händeschüttelnden Begegnungen mit anderen Politikern kannte. Kurzum: Karl-Theodor zu Guttenberg war ein relativ junges Gesicht. Zum anderen ist er ein blendender Rhetoriker, sieht ganz smart aus und verfügt in den Augen des Publikums über vernünftige Manieren. Weniger hat die Beliebtheit wohl mit der Frage der politischen Erfolge des CSU-Politikers zu tun; die Bilanz seiner knapp zwei Jahre als Minister ist überschaubar.

Vorzüglich beherrschte zu Guttenberg allerdings das Prinzip der medialen Selbstinszenierung. Bemerkenswert ist schon, dass die Biographie des Freiherrn von einer Bekannten des Hauses zu Guttenberg, nämlich von der ebenfalls adligen Anna von Bayern – ihres Zeichens Journalistin aus dem Hause Springer – stammt. Das Buchcover schmückt ein Foto des entschlossen dreinblickenden zu Guttenberg, und der Titel ist erstaunlich devot: »Karl-Theodor zu Guttenberg – Aristokrat, Politstar, Minister«. Ähnlich unkritisch lässt sich das Werk auch inhaltlich an. Wobei hiermit nicht gesagt werden soll, dass das Buch auf Betreiben zu Guttenbergs hin veröffentlicht wurde.

Der Exverteidigungsminister wusste sich gut in Szene zu setzen. In Erinnerung geblieben sind aus seiner Amtszeit vor allem zwei Fotos, die für sich sprechen: Das eine zeigt den damaligen Wirtschaftsminister im Jahr 2009 bei einem AC/DC-Konzert in München, ganz leger in Jeans und mit T-Shirt. Der Eindruck entstand: ein Wirtschaftsminister, der auch noch in der größten Krise für seine Frau und sich persönlich Zeit hat und zum Rockkonzert geht. Ein Politiker UND ein Mensch! Das hatten wir noch nie! Natürlich sind bei einem solchen Konzert Fotografen zugegen. Es soll einmal offenbleiben, ob sie bewusst aus dem Umfeld zu Guttenbergs den Tipp bekommen hatten, dass der Minister bei dem Konzert dabei sein würde, ob das Ganze wie ein verdecktes Fotoshooting von vorneherein mit Medien abgestimmt oder ob alles Zufall war. Fest steht jedenfalls: Solche Bilder entstehen, und sie werden wie selbstverständlich am nächsten Tag in der

Zeitung veröffentlicht. Eine Einwilligung des Ministers braucht es dazu nicht, denn er war auf einer öffentlichen Veranstaltung unterwegs.

Die Medien lechzen nach derartigen Momenten aus dem Privatleben von Politikern. Die Bilder wirken in keinster Weise gestellt, auch wenn sie das, was wir nicht wissen, vielleicht sind. Da hat der Freiherr in den Augen des Publikums nicht einen Pressetermin gemacht, um sich wichtig zu tun, sondern er rockt einfach beim Konzert ab und wird dabei geknipst. Dies bedeutet eine gefühlte Erdverbundenheit, wie sie ein Politiker über keine noch so gute Rede herstellen kann.

Das zweite medial hochinteressante Foto zeigt zu Guttenberg im November 2009 als Verteidigungsminister an Bord eines Bundeswehr-Militärflugzeuges. Der Minister, der sich auf Überraschungsbesuch in Afghanistan aufhielt, steht in der Mitte des Bildes. Um ihn herum sitzen bzw. stehen vier, fünf erschöpft wirkende Bundeswehrsoldaten im Halbdunkel. Guttenberg ist deutlich von hellem Licht angestrahlt und schaut optimistisch in die Kamera. Auch hier ist unklar, ob das Foto gestellt ist, insbesondere die Lichtverhältnisse. Fest steht allerdings: Ein derartiges Bild wird bestimmt nicht gegen den Willen des Ministers veröffentlicht. Guttenberg als optimistische Lichtgestalt inmitten seiner Soldaten.

Solche Bilder kommen beim Publikum bestens an. Experten sind überzeugt: Es geht bei der Selbstvermarktung der Politiker nur noch um Äußerlichkeiten, um Attraktivität, das beste Bild. »Selbst Nuancen im Aussehen oder in der Gestik können über politische Karrieren entscheiden«,[14] meint der Psychologe Siegfried Frey. Und der Kommunikationswissenschaftler Klaus Kamps warnt vor einer drohenden »Tyrannei des multimedialen, jovial-eloquenten Politikertypus«.[15]

Andererseits können sich Politiker durchaus verschätzen. Auch zu Guttenberg ist das passiert: Als er im März 2009 während der geplanten Opel-Rettung mit ausgebreiteten Armen und einem strahlenden Lächeln auf dem New Yorker Times Square in die Kamera schaute, wurden diese Bilder eher als arrogant wahrgenommen. »Als klar wird, dass das Bild in Deutschland (...) nicht so gut ankommt, (...) versuchen seine Leute klar zu machen: Er hat es so nicht gemeint. Es sei ganz unglücklich gelaufen. Keiner weiß das besser als zu Guttenberg selbst. Doch das Foto bleibt in den Köpfen. Bilder sagen eben mehr als Worte«, befand die Internetseite *welt.de* am 17. März 2009.

Das mussten zuvor schon andere, medial weniger gewiefte Politiker erfahren: Siehe die inszenierten Pool-Plantsch-Bilder von Exverteidigungsminister Rudolf Scharping und der Gräfin Pilati aus dem Sommer 2001, zu einem Zeitpunkt, als ein Auslandseinsatz der Bundeswehr in Mazedonien bevorstand. Die *Bunte* veröffentlichte damals die Fotostrecke, die Scharping viel Kritik einbrachte, da sie in Anbetracht der gefährlichen Mission seiner Soldaten als geschmacklos angesehen wurde. Beobachter halten diese inszenierten Poolbilder für den Anfang vom Ende Scharpings in der Politik. Kurz vor der Bundestagswahl 2002 entließ der damalige Kanzler Gerhard Schröder ihn aus dem Amt, nachdem der *Stern* zudem enge Kontakte Scharpings zu dem Lobbyisten Moritz Hunzinger aufgedeckt hatte.

Siehe auch den völlig überdrehten Auftritt von Guido Westerwelle im Big-Brother-Container im Jahr 2002. Kaum ein Bild des jetzigen Außenministers ist in der öffentlichen Wahrnehmung so präsent (außer vielleicht die 18-Prozent-Schuhsohlen bei »Sabine Christiansen«) wie sein Versuch der Politisierung eines Käfigs voller großbusiger Blondinen und leidlich intelligenter Muskelmänner auf RTL 2. Ein medialer Reinfall erster Klasse. Der Auftritt, den Westerwelle angeblich gesucht hatte, um mit den Containerbewohnern über Politik zu diskutieren, wurde in der Öffentlichkeit nur belächelt.

Einen Reinfall erlebte auch Heide Simonis, die frühere Ministerpräsidentin von Schleswig-Holstein, mit ihrer Teilnahme an der RTL-Show »Let's Dance«. Über Frau Simonis hatten wir schon während ihrer Amtszeit gelernt, dass sie in einer komplett mit gesammeltem Trödel vollgestellten Wohnung lebt und in ihrer Freizeit Patchworkdecken näht. Der Tanzversuch ging vollständig nach hinten los: Frau Simonis stellte sich ungeschickt an und wurde von der geachteten Landespolitikerin zur »Hoppel-Heide« der *Bild*-Zeitung. Der Politikberater Schmidt-Deguelle erklärt diese Art unfreiwilliger Selbstdegradierung mit Politiksucht, also der Abhängigkeit vom gewohnten Machtgefühl und von der Aufmerksamkeit der Medien und Wähler: »Das ist möglicherweise die Entzugserscheinung der Droge ›Macht‹. (...) Wer dann durch eine Abwahl oder einen anderen Vorfall seine Ämter verliert, ist auf einmal aus allem raus und fühlt sich wie ein Junkie, der nicht mehr zu seinem Stoff kommt. Er ist auf Turkey.«[16]

Die genannten Beispiele zeigen, wie gefährlich dieses Spiel der Politiker mit den Medien ist. Denn Politiker sind, nicht zuletzt in den Augen der für die rechtliche Beurteilung von Presseberichten berufenen Gerichte, Vorbilder und Leitbilder der Bevölkerung. Das bedeutet auch, dass privates Fehlverhalten von Politikern viel eher zum Gegenstand medialer Berichterstattung werden darf, als dies bei »normalen« Privatleuten und sogar bei Promis der Fall ist. Je mehr unsere Politiker von ihrem Privatleben an die Öffentlichkeit tragen, desto mehr Angriffspunkte bieten sie.

Das musste der Ministerpräsident von Mecklenburg-Vorpommern, Erwin Sellering, im Sommer 2010 erleben. Gemeinsam mit seiner Ehefrau Antje hatte er der Presse 2008 mitgeteilt, dass sie sich nach zweiundzwanzig Ehejahren trennen würden: »Wir haben uns auseinandergelebt.« Sellering fand rasch eine neue Partnerin, Britta, sechsundzwanzig Jahre jünger als der SPD-Politiker. Eine Mediengeschichte, die Sellering gerne bedient, seine überregionale Bekanntheit hält sich schließlich in Grenzen. Da kann ein bisschen Privatpublicity nicht schaden. Nicht nur die Hochzeitsbilder der Braut ganz in Weiß kamen in unsere Wohnzimmer; auf *bunte.de* waren am 28. August 2010 die Details zu lesen: »Nach der Trauung wurde bei einem Sektempfang auf das frischvermählte Paar angestoßen. Heute Abend soll in einem italienischen Restaurant in Schwerin weiter gefeiert werden. Dann werden auch alle Minister und Ministerinnen des Schweriner Kabinetts erwartet.« Bei so viel Zweisamkeit wundert es nicht, dass eine nicht mitspielte: die Exehefrau Antje Sellering. Per *Bunte* schlug sie im Oktober 2010 zurück, mit peinlichen Details vom Ende ihrer Ehe: »Zack, zack, als sei er auf der Flucht«, sei das Verhalten ihres Mannes gewesen. Sie sei wie vom Blitz getroffen gewesen, als er im November 2008 zu ihr gesagt habe, er wolle sich von ihr trennen. Er habe »sein altes Leben komplett hinter sich gelassen und alles, aber auch alles ausgetauscht, was ihm vorher wichtig schien. Er muss sich aber schon viel eher innerlich von mir gelöst haben, ohne es mir zu sagen. Das nehme ich ihm wirklich übel.« Auch nicht unbedingt eine schöne Nachricht für einen Spitzenpolitiker. Aber eine, mit der er leben muss, nachdem er selbst Privates öffentlich gemacht hat.

Kein Politiker jedoch wurde bisher auf so extreme Weise Opfer seiner eigenen Heile-Welt-Medieninszenierung wie Bayerns Ministerpräsident Horst Seehofer. Der frühere Bundeslandwirtschaftsminister hatte sich immer wieder mit seiner Familie gezeigt. Als im Januar 2007 die CSU-Granden beschlossen, ihren damaligen Vorsitzenden und bayerischen Ministerpräsidenten Edmund Stoiber in den Ruhestand zu schicken, war Seehofer dabei und erhoffte sich Chancen auf den CSU-Chefposten. Zufall oder nicht – am 16. Januar 2007 machte die *Bild*-Zeitung in den gewohnten Riesenlettern mit der Schlagzeile »Seehofer – Baby mit heimlicher Geliebten!« auf. Reporterin Verena Köttker wusste dann auch gut Bescheid und schrieb eine Schmachtgeschichte über die Freundin: »32 Jahre alt, zierlich, brünett, Juristin. Bayerischer Akzent. Nachbarn erzählen, dass die beiden in einem Mini-Apartment im Berliner Zentrum zusammen wohnen. (…) Auch mit dem Fahrrad wurde sie immer wieder vor dem Haus gesehen. Jetzt ist die 32-Jährige schwanger – vierter Monat!«

Ein Tabubruch, sicher. Nur selten hatten bisher Medien ohne Einverständnis eines Politikers über sein Privatleben berichtet. Zum anderen hat sich die *Bild* hier – ob gewollt oder ungewollt – politisch vereinnahmen lassen, denn Seehofer wollte ja gerade etwas werden. Und seine Konkurrenten in der CSU nach dem Sturz Stoibers auch.

Da kam diese desavouierende Geschichte über das Doppelleben des Politikers gerade recht, denn konservative Wähler sehen so etwas gar nicht gerne.

Für Seehofer war die Sache klar, wie er in einem Interview mit der *Leipziger Volkszeitung* am 21. Dezember 2007 schilderte: »Eine solche Kampagne wie 2007 gegen mich hat nie zuvor in Deutschland stattgefunden. (...) Das Eigenartige ist: Die Kampagne begann mit meiner Bewerbung um den CSU-Vorsitz und sie war beendet nach den Vorstandswahlen auf dem CSU-Parteitag.«

Das mag ja sogar sein, aber entscheidend ist, dass es überhaupt möglich war, Privates gegen einen politischen Gegner zu instrumentalisieren. Geflüstert wurde über Seehofers »Auswärtsspiel«, wie über viele andere Affären von Spitzenpolitikern in Deutschland, damals schon länger. Doch Seehofer gab den Anlass, öffentlich zu berichten, selbst, indem er sein angeblich so intaktes Familienglück öffentlich ausstellte.

Rechtlich hätte Seehofer vor diesem Hintergrund wenig Chancen gehabt, Berichte über sein Privatleben mit Familie und Freundin untersagen zu lassen. Das Phänomen der Selbstbegebung – das eigene Öffnen der Tür zum Privaten – verhindert, dass der unerwünschte Bericht unter den Teppich gekehrt werden kann. Ein Fall, den sich eigentlich alle Politiker an den medialen Spind hängen sollten.

Dass die »Kampagne« Seehofer letztlich politisch nicht den Kopf gekostet hat, beruht unter anderem auf seiner Konstitution. Manch ein zarter besaiteter Politiker hätte dem medialen und politischen Druck vielleicht nicht standgehalten – ein Vollprofi wie Seehofer schon. Eheliche Seitensprünge werden außerdem in unserer libertären Gesellschaft mittlerweile leichter verziehen als noch vor dreißig oder fünfzig Jahren.

Ein weiterer Grund für den Aufstieg Seehofers zum bayerischen Ministerpräsidenten und CSU-Chef im Jahr 2008 war die personelle Ödnis in der Partei; außer ihm gab es einfach niemanden mehr, der die Ämter hätte übernehmen können. Die Geschichte hätte also für Seehofer durchaus anders ausgehen können. Auch seine Exfreundin fing sich nach den Veröffentlichungen schnell wieder: Im August 2008 erschien eine Fotostrecke der Juristin mit dem Seehofer-Baby in der *Bunten*.

In der Politik erleben wir also parallel das, was wir auch von der Seelenentblößung völlig unbekannter Menschen im Fernsehen kennen: Die Privatsphäre erscheint nicht mehr als Rückzugsraum, der vor dem medialen Zugriff geschützt werden soll und über den die Öffentlichkeit daher nichts weiß. Privatheit wird vielmehr zum »Spielball« und funktionalen Hebel, den Politiker ziehen können, um entweder von schwierigen Sachfragen abzulenken oder sich selbst im politischen Machtkampf eine bessere Ausgangsbasis zu sichern (»Sympathiebonus«). Der unbekannte Schlosser aus Iserlohn nutzt das Licht der Talkshow, in der er von seinem ständigen Fremdgehen redet, um des 15-Minuten-Ruhms und vielleicht einer kleinen Aufwandsentschädigung willen. Der medial gewiefte Politiker instrumentalisiert sein Privatleben zum Zwecke der Steigerung seiner Beliebtheit. Politische Sachfragen, um die es bei der öffentlichen Sache (der »res publica«) eigentlich geht, geraten aus dem Blickfeld oder werden »huckepack« über das Vertrauen, das der Politiker durch Personalisierung erreicht hat, durchgesetzt.

Für die Politik ergibt sich daraus ein frappierender

Doppeleffekt: die Veröffentlichung des Privaten und gleichzeitig die Personalisierung des Öffentlichen. Politische Leitfiguren kommen ohne den (zumindest dosierten) Einsatz ihres Privatlebens nicht mehr aus. Politische Sachfragen kapitulieren vor einer Art Tyrannei der öffentlichen Intimität. Das Bizarre in der öffentlichen Wahrnehmung: Die Menschen verstehen sehr gut, dass Politik eigentlich ein rationaler Prozess ist, lassen sich aber durch die immer neuen Personalisierungen von den Sachproblemen gerne ablenken. Politik wird im wahrsten Sinne des Wortes zum »Show«-Geschäft. Passend dazu: Angela Merkel steht bei der *Bunte*-»Starcontrol« – einem »VIP-Barometer« im Internet, das die »Bedeutung« von Promis misst – im Juli 2011 in einer Liste zwischen der verstorbenen Amy Winehouse und Hollywood-Ikone Angelina Jolie.

Der Umgang der Politik mit den Medien und umgekehrt zeigt, dass nicht nur die Trennlinie zwischen Privatem und Politischem aufgeweicht ist. Auch eine weitere Grenze fällt: die zwischen Sachpolitik und Entertainment. Man bekommt den Eindruck: Ein Spitzenpolitiker ist für eine Boulevardzeitschrift wie die *Bunte* nichts anderes als ein exponierter Star seiner Branche, die zufällig Politik heißt und nicht Schauspiel, Musik oder Kunst.

Die Personalisierung nimmt damit neue, gefährliche Formen an. Die Demokratie lebt von der Diskussion über die Probleme der Gesellschaft und über Lösungsvorschläge. Im besten Fall beteiligen sich viele Menschen an dieser Diskussion oder haben zumindest eine Meinung dazu. Anschließend kann und muss eine Entscheidung getroffen werden, die auch von der unterlegenen Minderheit als demokratisch akzeptiert wird. Von diesem Idealbild demokratischer Entscheidungsfindung entfernen wir uns immer mehr, auch, weil die Politik es zumindest zulässt, immer weiter personalisiert dargestellt zu werden. Und weil es genug Politiker gibt, die diese Personalisierung durch menschelnde, nach Sympathie heischende Geschichten aus ihrem Privatleben vorantreiben. So wird der Blick auf die wirklichen Probleme vernebelt. So gehen auch für uns Bürger unangenehme Entscheidungen in der allgemeinen Polit-Show zunehmend unter.

Es überrascht nicht, dass wir bei dieser Sachlage wieder die ersten ernsthaften Proteste gegen politische Entscheidungen sehen, nach über zwanzig Jahren weitgehender Demonstrationsabstinenz.

Der Streit um Stuttgart 21 ist entstanden, weil ein größerer Teil der Bevölkerung die Entscheidung für den teuren Bahnhofsbau nicht nachvollziehen konnte, denn die Gründe dafür waren nicht ausreichend kommuniziert worden. Politik hat sich abgewöhnt, Argumente, Entscheidungswege oder Alternativpläne zu erläutern. Stattdessen erfahren wir, welchen Wein der Minister am liebsten trinkt. Es würde zu weit gehen, den Homestorys von Politikern die Schuld am Streit um einen Bahnhofsneubau zu geben. Aber die massiven Proteste belegen, dass die Politik dort, wo sie entscheidet, den Betroffenen dies nicht ausreichend kommuniziert. Und das wiederum hat damit zu tun, dass ein wirklich offener Diskurs über Sachfragen gar nicht gefragt ist.

Die Kommunikation von Politik läuft mehr und mehr über die Präsentation handelnder Politiker auf Entertainment-Ebene. Der Wähler soll so das Gefühl bekommen, dass »sein« Politiker schon alles richtig machen wird, weil er ein »guter Typ« ist. Barack Obamas Versprechen vom »Change« ist ein gutes Beispiel für dieses Spiel mit dem unbestimmten Gefühl, den Richtigen zu wählen. »Veränderung« von was, wohin? Sicher konnten und können nur wenige Wähler in den USA die Wahlversprechen konkreter benennen; dass sich aber etwas ändern sollte, wusste man sehr wohl.

Der Politiker als Subjekt der Unterhaltungsbranche – vielleicht braucht es weitere »Missverständnisse« und Proteste wie bei Stuttgart 21, um Politikern verständlich zu machen, dass politische Kommunikation nicht aus abgefilmten Fahrradtouren des Spitzenkandidaten, sondern aus der Vermittlung von Inhalten besteht.

Wenn Promis ihre Privatsphäre vermarkten

An der Verletzung der Privatsphäre sind nicht nur Medien und Internet schuld, sondern auch das sogenannte mediale Eigenverhalten gerade von C- und D-Prominenten. Der Vorstandsvorsitzende der Axel Springer AG, Dr. Matthias Döpfner, formuliert das im *Spiegel*-Gepräch (Ausgabe 25/2006) in Bezug auf die *Bild*-Zeitung so: »Wer mit ihr im Aufzug nach oben fährt, der fährt auch mit ihr im Aufzug nach unten.« Und damit hat er nicht ganz unrecht: Es gibt nämlich tatsächlich viele Prominente, die mit den Boulevardmedien hochfahren, die also durch die Vermarktung ihrer eigenen Person, vorrangig ihres Privatlebens, überhaupt erst öffentlich stattfinden und wahrgenommen werden. Diese Personen, die ein eigenes Phänomen in der modernen Medienwelt darstellen, müssen sich nicht wundern, wenn sie massive Verletzungen ihrer Privatsphäre zu erdulden haben, nachdem sie zuvor die Tür selbst aufgemacht haben.

Aber von vorn: Wie wird man normalerweise prominent? Man wird prominent, wenn man in irgendeinem Bereich großen Anklang gefunden oder beachtliche Erfolge gefeiert hat. Man wird prominent, wenn man politisch Verantwortung übernimmt oder etwa ein Wirtschaftsunternehmen lenkt. Prominente sind Künstler, also Popsänger, Maler, Schauspieler, die durch ihr Schaffen Menschen begeistern und dann zu Stars werden. Es sind Sportler, die enorme Leistungen erbringen, die schnell schwimmen, weit springen oder viele Tore schießen. Oder es sind Fernsehjournalisten, die Sendungen moderieren und durch ihre Art das Publikum an sich binden. Alle diese Prominenten haben eins gemeinsam: Sie lenken durch ihr berufliches Schaffen die öffentliche Aufmerksamkeit auf sich. Bei diesem Typ von Prominenten fällt auf, dass sie im Regelfall ihre Privatsphäre nicht öffentlich machen, manche Politiker, wie eben dargelegt, und auch Schauspieler ausgenommen. Inzwischen hat es sich nämlich herumgesprochen, dass es gefährlich ist, Homestorys zuzulassen oder sonstwie die Tür aufzumachen. Künstler wie Herbert Grönemeyer, Moderatoren wie Stefan Raab oder Harald Schmidt, Comedians wie Anke Engelke oder Atze Schröder lassen kaum Einblicke in ihr Privatleben zu, mit der Folge, dass darüber auch nicht geschrieben wird. Das mediale Eigenverhalten entscheidet nämlich nach der deutschen Rechtsprechung über den Rechtsschutz des einzelnen Prominenten. Derjenige, der die Tür aufmacht, bekommt sie schwer wieder zu, wenn das Glück ihn einmal verlässt, er krank wird, eine schmutzige Trennung ins Haus steht oder Ähnliches. Naturgemäß haben die Medien Interesse an diesen Personen und versuchen, durchs Schlüsselloch zu schauen. Das deutsche Recht schützt aber vor Einblicken in die Privatsphäre, wenn die Beteiligten sich zuvor entsprechend zurückhaltend verhalten haben.

Seit einigen Jahren gibt es zunehmend auch »Medienfiguren«, die überhaupt nur deswegen prominent sind, weil sie ihr Privatleben initiativ vermarkten. Sie fallen nicht durch Leistungen auf oder durch Engagement in der Öffentlichkeit, sondern allein durch exzessive Selbstdarstellung. International bekanntestes Beispiel ist hier sicherlich Paris Hilton. Von ihr tauchten plötzlich private Sexvideos im Internet auf. Sie erklärte, dies sei nicht mit ihrer Zustimmung geschehen. Trotzdem schrieben alle darüber. Zum Phänomen der Medienprominenz gehören auch die Damen aus der sogenannten Luderliga. Da gab es ein Teppich-Luder, ein Botschafts-Luder, eine Tatjana Gsell. Diesen Frauen war nichts heilig, wenn sie sich in Interviews über ihre Beziehungen zu Männern ausließen – zu Boris Becker, einem Botschafter oder einem Hohenzollern. Jedes Mikrofon und jede Kamera wurde von ihnen bedient, und die Boulevardmedien griffen die Geschichten gerne auf. Nahezu industriell perfektioniert wurde die Schaffung von C-Prominenten durch das Format »Big Brother«. Die Teilnehmer dieser Sendung wurden zielgerichtet dadurch bekannt gemacht, dass man sie vierundzwanzig Stunden am Tag in ihrem privaten Alltag zeigte. In der Küche, auf der Couch, im Bett und auf der Toilette. Sogar, wenn sich in dem Container Paare zusammenfanden, konnte der Zuschauer die Entwicklung live mitverfolgen.

Bei dieser Art von Prominenz verbietet sich jede Medienschelte, wenn Boulevardzeitungen auch dann berichten, wenn das Schicksal den Betroffenen einmal nicht so hold ist. Schlicht gesagt sind die Leute hier im Sinne Döpfners selbst schuld: Wer den Aufzug mit dem Boulevard hochfährt, fährt eben auch wieder mit ihm runter. Diese Menschen zahlen oft einen hohen Preis. Der unbedingte Wille, berühmt zu werden, treibt sie zur Öffnung aller Lebensbereiche, ohne dass sie sich bewusst wären, was sie damit riskieren. Anwaltliche Beratung erfolgt zu diesem Zeitpunkt der Karriere im Regelfall nicht. Im Gegenteil: Halbseidene Manager treiben die Möchtegernprominenten zu immer neuen Zugeständnissen. Da das Publikum inzwischen nahezu jeden Tabubruch kennt, muss derjenige, der Aufmerksamkeit auf sich ziehen will, auch mehr von sich preisgeben. Seit dem Serienformat »The Swan – Endlich schön« genügt selbst die Fernsehübertragung der eigenen Brust-OP eigentlich nicht mehr. Da muss man schon Spektakuläreres bringen. Auch die Medienindustrie verdient gut an diesen Ahnungslosen, die sich und ihr Privatleben schonungslos ausschlachten lassen. Ist das Publikum gesättigt und verliert das Interesse oder ist sogar genervt, kommt allerdings nicht selten das böse Erwachen. Man landet auf der Müllhalde des Boulevards. Die einzigen Nachrichten, die dann noch verbreitet werden, sind die über persönliche Abstürze: Straftaten, Drogenmissbrauch, Krankheit, im schlimmsten Fall Tod. Geschützt sind solche Medienprominenten nicht mehr, weil sie zuvor zu viel zugelassen haben.

Wenn man über die Vermarktung der eigenen Privatsphäre durch Promis spricht, müssen aber auch Mechanismen erwähnt werden, die von den Chefredakteuren der Boulevardpresse zu Recht kritisiert werden. Gemeint sind diejenigen Prominenten, die regelmäßig gegen Boulevardmedien vorgehen und ihre Privatsphäre einfordern, insbesondere auch öffentlich erklären, dass ihre Kinder nicht abgebildet werden sollen, dann aber exklusive Fotostrecken für sehr viel Geld mit irgendeinem Magazin verabreden. Oder der Fall Claudia Schiffer: Sie war es, die ihr eigenes Kind mit auf den Titel des Quelle-Katalogs hob. Nicht selten klagt sie auch gegen Paparazzi-Bilder. Allgemein gilt: Es ist unglaubwürdig, wenn manche Prominente immer wieder Einblicke ins Private zulassen, sich dann aber darüber aufregen, dass sie beim Einkaufen von Paparazzi verfolgt werden. Man kann nicht die Quadratur des Kreises verlangen, also einerseits die Boulevardmedien um Respekt bitten und gegebenenfalls Anwälte einschalten und andererseits genau diesen privaten Bereich exklusiv einem Medium oder einem Unternehmen zu Werbezwecken zur Verfügung stellen. Das geht schon juristisch nicht, denn durch nunmehr sechzig Jahre Rechtsprechung in Deutschland zieht sich der Grundsatz, dass derjenige keinen oder zumindest erheblich weniger Rechtsschutz beanspruchen kann, der zuvor freiwillig und oft mit Medien über sein Privatleben gesprochen hat. Hier sagen die Richter: Entweder oder. Tür auf oder Tür zu. Mit dem Öffnen der Tür gibt man also das auf, was das Grundgesetz dem Individuum eigentlich mit der Geburt zur Verfügung stellt, nämlich den Schutz der Menschenwürde und vor allen Dingen auch den Schutz vor Einblicken in den Intim- und Privatbereich.

Man fragt sich, warum nicht nur C-Prominente, sondern mitunter auch begabte Schauspieler oder Moderatoren ohne Not Intimes von sich preisgeben. Nicht selten liegt das wohl an der unheilvollen Nähe zwischen ihren PR-Beratern, die ihnen dazu raten, und den Boulevardredakteuren. Eigentlich macht nämlich die Preisgabe von Privatem durch Schauspieler, Sportler etc. gar keinen Sinn. Erfährt man zu viel Privates über sie, wird der Wert, den sie sich durch ihre Leistung erworben haben, erheblich gemindert. Der Schauspieler verliert sein Geheimnis im Spiel und in der konkreten Rolle, wenn man weiß, dass er sich gerade in einem Scheidungskrieg befindet. Beim Fußballer vergisst man seine sportlichen Erfolge, wenn man nur noch Peinliches aus seinem Privatleben zu lesen bekommt, wie bei Lothar Matthäus, der in den letzten Jahren eher auf den Klatschseiten als im Sportteil vorkam.

In diesem Zusammenhang lohnt sich ein Blick nach Frankreich. Die französischen Prominenten, insbesondere Superstars wie die Schauspieler Isabelle Huppert, Juliette Binoche, Daniel Auteuil, Emmanuelle Béart oder auch Alain Delon und Gérard Depardieu, sind Nationalhelden. Dennoch weiß man kaum etwas über sie. Sie schützen, auch aus Imagegründen, ihr Privatleben, damit man sie eben in ihren Rollen und in ihrer Arbeit als Schauspieler wahrnimmt. Das französische Beispiel macht deutlich, dass viele PR-Berater in Deutschland ihren Prominenten zu Unrecht empfehlen, Privates preiszugeben, um anerkannt zu bleiben. Das Gegenteil ist der Fall. Je mehr Privates man preisgibt – unabhängig von dem oben beschriebenen Rechtsverlust –, desto weniger Wirkung entfaltet das, wofür man eigentlich bekannt ist. Es wird Zeit, dass hier bei einigen Agenten und Presseberatern ein Umdenken einsetzt. Die Tür zuzulassen macht immer Sinn, aus rechtlichen wie aus Imagegründen.

Am medialen Pranger – zwei Beispiele

Die Macht der Medien – eine Leerformel, die zunächst wenig darüber aussagt, was eine Berichterstattung für den Betroffenen bedeuten kann. Auf welche Weise kann ein Politiker, ein Wirtschaftsmanager, ein ganz normaler Mensch zum Medienopfer werden? Was braucht es, damit ein gestandener Mann oder eine erfolgreiche Frau auf deutschen Bildschirmen und in deutschen Zeitungen vorgeführt wird?

Nachfolgend sollen zwei Fälle nachgezeichnet werden, die in den letzten Jahren die Öffentlichkeit bewegt haben. Dabei sind ganz bewusst keine Nicht-Prominenten als Betroffene ausgewählt worden, sondern Menschen, die zwei Dinge eint: Sie können hervorragend mit Journalisten umgehen, sie kennen das Geschäft. Und: Sie haben in der Vergangenheit von Medienschlagzeilen profitiert. Doch der Wind kann sich drehen. Der Moderator Jörg Kachelmann und der Wirtschaftskapitän Klaus Zumwinkel wurden zu Gejagten der Medien. Es geht uns nicht um Mitleid mit den Betroffenen, sondern darum, zu beleuchten, wie schwer es Medien häufig fällt, zu akzeptieren, dass ein Verdacht zunächst einmal nur ein Verdacht ist und dass niemand überführt ist, der nicht von einem Strafgericht verurteilt wurde. Und wir wollen aufzeigen, was bei einem reißerischen Bericht auf dem Spiel steht: Wird eine Person durch die Presse vorverurteilt und ihre Unschuld stellt sich heraus, bleibt häufig noch jahrelang der schiefe Blick von Bekannten und Fremden. In schlimmen Fällen kann es sogar zur Vernichtung der Existenz führen.

»Schlammschlacht des Jahres«: Jörg Kachelmann und die Medien

Am 20. März 2010 nimmt die Polizei den bekannten Wettermoderator Jörg Kachelmann am Frankfurter Flughafen fest. Der Verdacht: Vergewaltigung seiner Freundin. Nach 131 Tagen in Untersuchungshaft kommt Kachelmann Ende Juli frei, weil das Oberlandesgericht Karlsruhe einen dringenden Tatverdacht gegen den Zweiundfünfzigjährigen nicht erkennen kann. Am 6. September 2010 beginnt vor dem Landgericht Mannheim der Strafprozess gegen Kachelmann. Er endet in erster Instanz am 31. Mai 2011 mit dem Freispruch für den Moderator. Das Gericht kann nicht feststellen, dass Kachelmann die Tat begangen hat – mehr als Aussage gegen Aussage lässt sich nicht ermitteln. Damit ist er, »im Zweifel für den Angeklagten«, freizusprechen. Die Staatsanwaltschaft und das angebliche Opfer legen Revision gegen diese Entscheidung ein.

So weit die nüchternen Fakten des »Falls Kachelmann« oder, wie Boulevardzeitungen ihn reißerisch nennen, des »Kachelmann-Krimis« oder der »Akte Kachelmann«. Jenseits der Frage nach Schuld oder Unschuld handelt es sich ohne Zweifel um einen der prominentesten Kriminalfälle der Nachkriegsgeschichte. Er wirft ein Licht auf den Umgang der Medien mit einem Verfahren, bei dem der Beschuldigte prominent und der tatsächliche Sachverhalt für die Öffentlichkeit völlig unklar ist. Kachelmann bezeichnete sich selber einmal als »viertklassigen Prominenten« – und in der Tat, er ist ein Wettermoderator, den bislang niemand so wirklich ernst nahm, wenn er mit schmuddeligem Bart Regen verkündete: »Es schifft.« Vor allem aber wusste man über den Schweizer Moderator und sein Privatleben bis zum 20. März 2010 fast nichts. Dann begann der Medien-Tsunami.

Mittlerweile scheinen wir alles über die Beteiligten zu wissen: welches Auto der Strafverteidiger von Kachelmann fährt, was Kachelmanns Anzug in Bezug auf die von der Staatsanwaltschaft erhobenen Vorwürfe besagt (illustriert vom Psychologen). Bilder von Kachelmanns Ranch in Kanada blieben uns ebenso wenig erspart wie die Information, dass der von Kachelmann benannte Gutachter bei dessen Freilassungsfeier einen Espresso getrunken hat. Nicht fehlen durfte Kachelmanns Zellengenosse Thomas B., der in der *Bild*-Zeitung vom 31. August 2010 berichtete: »Die ersten Tage war Jörg mit zwei Junkies in der Zelle. Das war die Hölle für ihn.«

Noch nie fand im Zeitalter der totalen Medienüberflutung ein Strafprozess gegen eine prominente Person vor den Augen der gesamten Öffentlichkeit statt. Keine Lokalzeitung ist zu klein, um auf der »Vermischtes«-Seite detailliert über den Prozessablauf zu berichten. Bei den Verhandlungen sind rund fünfzig Journalisten im Gerichtssaal. Und wenn Kachelmanns Strafverteidiger im Dezember 2010 verlautbart, die Staatsanwaltschaft sei ihm verdächtiger als sein Mandant, so beschäftigen sich laut Google News 785 Artikel im Netz mit dieser Aussage. Noch nie wussten wir alles über einen Star von der Mattscheibe – von den unterstellten sexuellen Vorlieben bis hin zu den Kosenamen der angeblichen Liebschaften. Der Fall Kachelmann ist trotz der geltenden Unschuldsvermutung ein gefundenes Fressen für die Medien, eine Mischung aus »Sex and Crime«, unterstellten menschlichen Abgründen, Indiskretionen und Promi-Faktor, der sich kaum ein

Medium entziehen kann. Gleichzeitig legt der Fall offen, dass für manche Medien jede Grenze gefallen ist, ob es um Details aus dem Privatleben des Wettermoderators geht, um heimlich geschossene Fotos von ihm in Kanada und anderswo oder um die Vorverurteilung des Angeklagten, bevor der Richter ein Urteil über ihn gesprochen hat.

Man kann sich auch nicht an viele Kriminalfälle in Deutschland erinnern, die es geschafft haben, zum alleinigen Thema einer der wichtigsten Talkshows des Landes zu werden. Die Vorwürfe gegen den Moderator reichten aus, um am Sonntag, dem 1. August 2010, eine ganze Sendung »Anne Will« zu bestreiten, bei der auch einer der Autoren dieses Buches als Medienanwalt zu Gast war. Von jenem Abend bleiben vor allem zwei Dinge in Erinnerung: zum einen das Scharmützel der Journalistinnen Gisela Friedrichsen und Alice Schwarzer, bei dem die Feministin der Gerichtsreporterin des *Spiegel* vorhielt, vornehmlich pro Kachelmann zu berichten. Zum anderen die unerwartete Anmerkung des ehemaligen Berliner Generalstaatsanwaltes Hansjürgen Karge, er würde einer Tochter nicht raten, eine Vergewaltigung bei der Polizei anzuzeigen. Karge sagte das ganz offensichtlich nicht nur in Bezug auf die peinigenden Vernehmungen bei Polizei und Gericht, sondern ausdrücklich auch wegen der medialen Öffentlichkeit des Prozesses, denn er fügte hinzu: »Meine berufliche Erfahrung lehrt: Letztlich zahlen die Frauen immer die Zeche.« Karge sieht insbesondere in der öffentlichen Vernehmung vor Gericht zu sexuellen Details den bürgerlichen Ruin der Betroffenen. In klaren Worten: Der Verlust des Privaten als Grund, eine Straftat nicht anzuzeigen – geraten von einem früheren führenden Strafverfolger.

Jetzt, nach dem Ende des Verfahrens vor dem Landgericht Mannheim, ist festzustellen: Zurück bleiben lauter Verlierer. Es ist schwer vorstellbar, dass Jörg Kachelmann als fröhlicher Wetterfrosch auf die Mattscheibe zurückkommt, auch wenn er zwischenzeitlich bei kleineren Stationen ein paar Radioauftritte hatte. Wer den Wettermann im Fernsehen sieht, wird an ein halbes Dutzend (angeblicher) Freundinnen und den bösen Verdacht denken, von dem auch ein Freispruch im Kopf der Menschen kaum befreit. Vielleicht kann ein Medienprofi wie Kachelmann mit einer gewissen psychischen Stärke noch einmal neu bzw. anders anfangen. Ein Kraftakt würde dies allemal.

Nach dem erstinstanzlichen Urteil bleibt Sabine W., die Anzeigenerstatterin, nun für manche das bedauernswerte Opfer, dem ein schreckliches Verbrechen widerfahren ist und das vor Gericht die Tat nicht beweisen konnte. Für andere ist sie der kriminelle Racheengel, der ein Gericht belogen hat. Kachelmann hat mittlerweile eine einstweilige Verfügung gegen die Frau erwirkt, nach der diese unter anderem nicht mehr behaupten darf, er habe sie unter Einsatz eines Messers vergewaltigt.

Hinzu kommt: Das angebliche Opfer in dieser Geschichte konnte bis zum Ende des Prozesses seine Privatsphäre trotz des Riesen-Medienspektakels ganz gut schützen. Der vollständige Name der Frau wurde öffentlich nicht genannt, ihr Foto brachten die Zeitungen nur verpixelt, so dass Fremde sie auf der Straße nicht erkannt hätten. Am 16. Juni 2011 erschien dann allerdings die Zeitschrift *Bunte* mit einer Titelgeschichte ihres ungepixelten Gesichts unter der Überschrift »Jetzt redet sie!«. Die Frau hat also – sehr wahrscheinlich im wahrsten Sinne des Wortes – ihren letzten Rest Schutz verkauft und sich damit selbst exponiert. Was die Hintergründe sind, ob und wie viel Geld geflossen ist – man weiß es nicht. Fest steht allerdings, dass die Medien nun, im Sinne des Respekts, den eine unbekannte Person in der Medienwelt verlangen kann, keinerlei Rücksicht mehr auf die Frau nehmen werden.

Während die Exfreundin schwere Vorwürfe gegen Kachelmann erhebt, lässt der sich in der *Zeit* über den Prozess aus. Die Duellsituation, die die Medien so lieben, wird dadurch noch weiter verschärft. Die Frau hat sich mit dem zwölfseitigen Interview nebst Fotostrecke sicherlich keinen Gefallen getan.

Wie konnte der Fall zur »Schlammschlacht des Jahres« werden, wie es auf *welt.de* am 5. September 2010 hieß? Um das zu verstehen, muss man sich vergegenwärtigen, wie Medien bei solchen Vorwürfen funktionieren. Nach Kachelmanns Festnahme wussten die Journalisten zunächst nichts. Das heißt, sie waren auf Informationen der Behörden angewiesen. Die Staatsanwaltschaft Mannheim gab am 20. März 2010 eine Pressemitteilung heraus, dass ein »51-jähriger Moderator« verhaftet worden sei. Es ist nicht bekannt, dass Medien bei der Staatsanwaltschaft nach dieser Information angefragt hätten. Vieles spricht dafür, dass sie unaufgefordert erfolgte. Das ist schon deshalb überraschend, weil Staatsanwälte – anders als Rechtsanwälte – keine einseitigen Interessenvertreter sind, sondern be- und entlastendes Material gleichermaßen zu ermitteln haben und als staatliche Stelle auch eine unbedingte Schutzfunktion gegenüber dem Beschuldigten im Strafverfahren haben, denn es gilt die Unschuldsvermutung. Keiner soll vorverurteilt und an den (medialen)

Pranger gestellt werden – so die Vorgabe. Der Schutz der Privatsphäre beginnt also schon bei den Justizbehörden. Hätten diese verantwortungsbewusst gehandelt und nicht die Medien informiert, hätten sich im Fall Kachelmann die Boulevardmedien genau überlegt – und von ihren Rechtsabteilungen prüfen lassen – über welche Gerüchte sie berichten und über welche besser nicht. Und der kluge Verlagschef hätte gesagt: »Das ist ganz schwierig. Wenn überhaupt, dürft ihr den Vorwurf erwähnen, aber auf keinen Fall Details.« Das wäre seriös gewesen im Sinne des Rechtsstaats.

Mit der Bekanntgabe der Festnahme Kachelmanns war die Schleuse geöffnet. Gewiefte Polizeireporter brauchen nur wenige Minuten, um mit ein paar Anrufen bei Ermittlern herauszufinden, um wen es da geht. So weit, so schlecht für den Beschuldigten. Nun könnte man einwenden, dass das Fehlen des omnipräsenten Wettermoderators dem einen oder anderen Zuschauer ja auch bald aufgefallen wäre und die Verhaftung gar nicht hätte geheim gehalten werden können. Das mag sein, allerdings gab die Staatsanwaltschaft weiter Auskunft zum Fall Kachelmann. Und die offensive Informationspolitik löste bei vielen Medien das Signal aus, in die Recherche des Lebensumfeldes von Beschuldigtem und Opfer richtig einzusteigen. Nach dem Motto: »Wenn der Staat sich schon detailliert gegenüber den Medien auslässt, müssen wir das auch berichten können.«

Einige Journalisten blenden dabei aus, dass sie selbst verantwortlich bleiben für das, was sie schreiben. Schon häufiger haben zivilrechtliche Pressegerichte Zeitungen oder Fernsehsendern in der Vergangenheit die Verbreitung von intimen Details untersagt, die zuvor noch dienstbeflissen vom Staatsanwalt per Pressemitteilung verbreitet worden waren. Diese Diskrepanz erklärt sich dadurch, dass die Rechtsprechung die Grenzen des Zulässigen bei Medienveröffentlichungen recht konkret ausgelotet hat. Bei den Mitteilungen der Staatsanwälte gibt es vordergründig nur eine recht schwammige verwaltungsinterne Vorschrift, nach der der Staatsanwalt alles »vermeidet (...), was zu einer nicht durch den Zweck des Ermittlungsverfahrens bedingten Bloßstellung des Beschuldigten führen kann«. Staatsanwälte sehen sich auf der anderen Seite aber auch mit dem Wunsch der Öffentlichkeit nach Informationen konfrontiert, konkret in Form hartnäckig nachfragender Journalisten, so dass manche Information weitergegeben wird, die Pressegerichte in journalistischen Veröffentlichungen für rechtswidrig halten.

Der Fall Kachelmann bekam spätestens dann eine besondere Dimension, als Medien wie *Bunte*, *Focus*, *Stern* und *Bild* beinahe im Wochentakt Details veröffentlichten. Mal waren es Einzelheiten über Kachelmanns weitere Freundinnen und das gemeinsame Liebesspiel, mal waren es Auszüge aus psychologischen oder medizinischen Gutachten zum mutmaßlichen Opfer. Als »Höhepunkt« dann noch die Offenlegung der Tagebuchaufzeichnungen von Sabine W. Die Sucht der Medien nach immer neuen Enthüllungen kannte keine Grenzen mehr. Geradezu beschämend schließlich die Titelgeschichte im Magazin der *Süddeutschen Zeitung*, in der fünf Freundinnen und Kolleginnen von Kachelmann sich über dessen Wirkung auf Frauen und den Umgang mit ihm detailliert auslassen durften.[17] Die größte überregionale Abonnement-Tageszeitung, eines der seriösesten deutschen Leitmedien, auf dem Boulevard unterwegs.

Woher stammen die Details aus dem Privatleben des Protagonisten, die nichts Erhellendes zum konkreten Tatvorwurf beitragen können? Sicher nicht von den Anwälten Kachelmanns, für den solche Veröffentlichungen hochnotpeinlich sind. Sehr unwahrscheinlich auch, dass die Anwälte von Sabine W. hier die Medien bestücken. Denkbar wäre, dass die intimen Details direkt von den Ermittlungsbehörden kommen. Mancher Staatsanwalt ist eitel und freut sich, dass Journalisten seine Nähe suchen. Die Staatsanwaltschaft hat im Fall Kachelmann immer von sich gewiesen, Informationen weitergegeben zu haben. Hochrangige Vertreter der Staatsanwaltschaften räumen aber auch ein, dass die Staatsanwaltschaften neuerdings versuchen, medial »aufzurüsten«, das heißt, mehr Interviews zu geben, der Presse mehr Einblick in ihre Arbeit zu gewähren. Sie wollen der von den Verteidigern initiierten, häufig massiven medialen Begleitung von Strafprozessen etwas entgegensetzen. Denn in der Mediengesellschaft bildet sich die Öffentlichkeit schon vor dem Urteilsspruch eine Meinung über den Beschuldigten: ob sie ihn für schuldig oder unschuldig hält, ob er sympathisch wirkt, ob er möglicherweise »Opfer« eines Justizirrtums ist. Bislang wirken Rechtsanwälte an solchen medialen Bildern viel stärker mit als Staatsanwälte.

Möglich wäre auch, dass einzelne Polizisten oder Justizbedienstete ihr Gehalt mit »Informationsprämien« für ein paar kopierte Seiten aus den Akten aufpeppen. Wer im Fall Kachelmann letztlich geplaudert hat, wissen wir nicht. Jedenfalls spricht es nicht für die Staatsanwaltschaft, dass der Deckel nicht »draufgehalten« werden konnte. Es spricht aber schon gar nicht für die Medien, wenn sie mit zugespielten Informationen nicht sorgsam umgehen, sondern aus einem Kriminalfall ein Possenstück um das Intimleben der Beteiligten machen. Das Ergebnis konnte jeder besichtigen: ein aussagepsychologisches Gutachten über das mutmaßliche Opfer, das Zweifel an der Glaubwürdigkeit der Frau säte, im *Spiegel*. An gleicher Stelle die nicht gerade Kachelmann-unfreundlichen Beobachtungen der Gerichtsreporterin Gisela Friedrichsen. Anderswo Geschichten von angeblichen Liebesspielen und Tagebucheinträgen des mutmaßlichen Opfers. *stern.de* berichtet ausführlich über die »Lausemädchen«, wie Kachelmann seine Freundinnen genannt haben soll. Die Medienschlacht um die spektakulärste Schmutzgeschichte konnte erst so richtig Fahrt aufnehmen, weil »Durchsteckerei«, von wem auch immer, solche Berichte möglich machte.

Auch der Hauptakteur Kachelmann spielt in diesem medialen Spiel eine undurchsichtige Rolle. Selbstverständlich ist er keineswegs nur Opfer medialer Exzesse. Auf der einen Seite geht er (zu Recht) gegen die Verletzung seiner Privatsphäre durch detaillierte Berichte über angebliche sexuelle Vorlieben oder die Veröffentlichung von SMS zwischen der Exfreundin und ihm vor. Andererseits versucht er, Berichterstattung in seinem Sinne zu formen, wie die großen Interviews nach Abschluss des Prozesses in der *Zeit* und in der schweizerischen *Weltwoche* deutlich gemacht haben. Auch hat der Wettermoderator unmittelbar nach seiner Haftentlassung seltsame Medienauftritte hingelegt, die in der Umarmung des Wachmanns im blütenweißen Shirt vor dem Gefängnis gipfelten. Wenige Stunden nach der Entlassung aus dem Gefängnis ließ er sich von einem freien Journalisten in einem etwa vierminütigen skurrilen Streifen per »Videobotschaft« wohlwollend befragen. Unter anderem erzählte Kachelmann von seinem »Mitreiniger René«, einem Häftling, der den gleichen Job im Gefängnis gemacht habe und den man schon als »Freund« bezeichnen könne. Das Video, das unter anderem bei *bild.de* zu sehen war, wirkte, als versuche da einer krampfhaft zu retten, was noch zu retten ist, für den Fall, dass er irgendwann – als was auch immer – in die Öffentlichkeit zurückkehrt.

Der Umgang mit den Vorwürfen gegen Kachelmann illustriert die Maßlosigkeit, mit der Journalisten heute ihrer Arbeit nachgehen, um die Neugier eines Publikums zu befriedigen, das im Kampf um Einschaltquoten und Auflagen mit immer neuen Sensationen gefüttert werden muss. Es ging in der öffentlichen Wahrnehmung während des Prozesses gar nicht mehr vornehmlich darum, ob der Moderator ein Vergewaltiger ist oder nicht. Auch das Urteil selbst war nicht mehr von übermäßiger Bedeutung. Der angebliche Kriminalfall wurde durch die immer schrillere Ausschmückung des angeblichen Liebeslebens des Wettermoderators zu einem Sittengemälde unserer Zeit. Manche Medien schnitzten sich ihren Kachelmann als Opfer einer »Liebesfalle« der verlassenen Freundin. Andere zeichneten das Bild eines im besten Fall überdrehten Don Juan aus dem ARD-Wetterstudio, im schlechtesten Fall stand das Urteil für sie bereits fest. Worum es eigentlich ging, nämlich die Frage nach Schuld oder Unschuld in einem Strafprozess, trat völlig in den Hintergrund. Dass Kachelmann auch ein Recht auf seine Privatsphäre hat – vergessen. Denn für die Zeichnung von Sittengemälden, die die Medienkonsumenten über den häufig langatmigen Prozess hinaus faszinieren und zur Zeitschrift greifen oder die Sendung einschalten lassen, braucht man Material aus dem Privatleben des Angeklagten. Wir als Zeitungskäufer und Zuschauer liefern den Grund für noch mehr Gestocher im Liebesleben des Mannes. Die Gesellschaft hat keine Zeit mehr, das Strafurteil abzuwarten. Das »soziale« Urteil fällt früher – in den Augen des Publikums.

Der Strafprozess selbst ist nur noch der Resonanzboden und der Anlass, die Geschichte »Das Liebesleben des Jörg K.« immer wieder aufzugreifen und hin und her zu wenden. Das Gericht trug seinen Teil zur Fortschreibung der Seifenoper bei: Es ist schwer zu verstehen, warum eine stattliche Anzahl von Exfreundinnen des Moderators überhaupt in den Zeugenstand gerufen wurde. Sie können doch zu den Hergängen der angeblichen Tatnacht gar nichts aussagen. Ihre Auftritte vor Gericht hatten nur eine Folge: Die Medienmaschine lieferte immer neue Aspekte aus dem Privatleben eines von so manchem einst belächelten Wetteransagers.

Das eigene Haus als mediales Schafott des Klaus Zumwinkel

Gegen 7 Uhr morgens am 14. Februar 2008 holten Polizei und Staatsanwaltschaft in Köln den Topmanager Klaus Zumwinkel, seinerzeit Chef der Deutschen Post, aus dem Bett. Seit Monaten war gegen den damals Vierundsechzigjährigen wegen des Verdachts der Steuerhinterziehung ermittelt worden. Jetzt durchsuchten die Ermittler die noble Vorstadtvilla des angesehenen Wirtschaftskapitäns. Ein Haftbefehl gegen Zumwinkel lag ebenfalls vor. Ein Vorstand eines DAX-Unternehmens auf dem Weg in den Knast – das war schon ungewöhnlich genug. Doch der Fall Zumwinkel ging nicht nur in die deutsche Wirtschaftsgeschichte ein, sondern war auch medial ein Novum.

Zum ersten Mal wurde eine Hausdurchsuchung bei einem Wirtschaftsboss live in die deutschen Wohnzimmer übertragen. Denn deutlich vor den Ermittlungsbeamten waren schon die Journalisten aufgestanden. Teams des ZDF postierten sich wohl bereits am sehr frühen Morgen vor Zumwinkels Villa und konnten die Durchsuchung als Exklusivmeldung bringen. Schon der Beginn der Maßnahme wurde live im »Morgenmagazin« gesendet. Der Reporter Martin Leutke versorgte die Zuschauer im Verlauf des Morgens immer weiter mit Details. Die Ankunft des Zumwinkel-Anwalts wurde ebenfalls live übertragen – mit dem »richtigen« sozialen Schlag: Der fuhr natürlich Porsche. Sehr pünktlich am frühen Morgen erschien auch ein erster Lagebericht der Düsseldorfer Korrespondentin auf *Spiegel Online*. Der »Höhepunkt« des Tages: Vor Dutzenden Kameraobjektiven (mittlerweile waren auch die Kollegen der anderen Medien wach geworden) führte die Staatsanwältin einen der mächtigsten Männer der Republik ab, zum Verhör bei der Polizei.

Kritisch bemerkte nach diesen Bildern Hans Leyendecker von der *Süddeutschen Zeitung*, der ebenfalls in der Steuer-Geschichte Zumwinkel recherchierte, am 20. Februar 2008 im NDR-Medienmagazin »Zapp«: »Da war ein Stück auch der Pranger aufgebaut. Die Kamerabatterien waren alle da. Das ist eigentlich in der Demokratie nicht so vorgesehen, und da müssen wir aufpassen.«

Diese Einschätzung ist richtig. So schießt die »Live-Durchsuchung« medienrechtlich übers Ziel hinaus. Natürlich, Zumwinkel war einer schweren Straftat verdächtig. Das bedeutet allerdings nicht, dass ohne weiteres gefilmt werden darf, wenn das Haus des Betroffenen auf den Kopf gestellt wird. Es gilt nämlich die Unschuldsvermutung, die eine der Grundsäulen unseres Rechtsstaats ist. Dieser Grundsatz führt dazu, dass nach dem Presserecht in Ermittlungsverfahren auch Medien bestimmte Spielregeln beachten müssen. Richtlinie 13 des Pressekodex, auf den sich der Deutsche Presserat selbst verpflichtet hat, besagt: »Die Berichterstattung über Ermittlungsverfahren, Strafverfahren und sonstige förmliche Verfahren muss frei von Vorurteilen erfolgen. Der Grundsatz der Unschuldsvermutung gilt auch für die Presse.«[18]

Gerade weil der Vorwurf so schwer wog, hätten Behörden und Medien besonders zurückhaltend vorgehen müssen. Die Live-Begleitung von Durchsuchungen und die gleichzeitige Preisgabe von Ermittlungsdetails haben in dieser Form in den Medien nichts zu suchen. Der Beschuldigte verliert faktisch sein nobelstes Recht: nämlich –

auch von der Öffentlichkeit – als unschuldig angesehen zu werden.

Zum Zeitpunkt der Berichterstattung war noch überhaupt nicht klar, ob sich die Vorwürfe letztlich beweisen lassen würden. Eine Durchsuchung dient ja gerade dazu, herauszufinden, ob es belastendes Material gibt. Als das ZDF seine Kameras aufstellte, war da nicht mehr als ein Verdacht. Gerade deshalb fordern die Pressekammern der Gerichte von Medien Zurückhaltung: Der Verdacht kann sich als falsch herausstellen. Beim Publikum eingebrannt haben sich aber die Bilder der schmucken Villa mit Fahndern hinter den Fensterscheiben und die Festnahme des aus verständlichen Gründen derangierten Wirtschaftskapitäns. Bilder, deren Veröffentlichung nach unserer Auffassung rechtlich unzulässig war. Immerhin wurde niemand auf frischer Tat ertappt, und es handelte sich um das Privathaus des Beschuldigten. Selten ist jemand so unverhohlen an den medialen Pranger gestellt worden wie Klaus Zumwinkel. Nach dem Motto: »Wir präsentieren: den gefallenen Engel.« In den Jahren zuvor war er immer wieder als besonders vorbildlicher Manager porträtiert worden, als Lenker mit sozialem Gewissen. 2003 hatte ihn das *Manager-Magazin* sogar zum Manager des Jahres gekürt.

Darüber hinaus gilt: Es darf im Rechtsstaat keinesfalls zu einer unheiligen Allianz zwischen Medien und Staatsanwaltschaft zum Nachteil des Beschuldigten kommen – sei es auch nur unabgesprochen. Die Live-Übertragung vor seinem Wohnhaus wurde für Zumwinkel zum medialen Schafott. Tatsache ist, dass verschiedene Medien von den Ermittlungen gegen den Postchef bereits lange vor der Durchsuchung wussten. Schon dies ist ein Unding, denn von Ermittlungsverfahren gegen Konzernbosse erfährt man nicht im Polizeifunk.

Für die Staatsanwaltschaft war der Fall Zumwinkel das perfekte abschreckende Beispiel, das der Republik und vor allem den Mächtigen zeigen sollte: Wer nicht mit uns kooperiert, muss mit einem Zumwinkel-Szenario und Dutzenden Kameras vor dem Privathaus rechnen. Auch wenn es nicht beabsichtigt war, wirkte der mediale Pranger wie eine Warnung an die anderen Steuersünder. Und sie wurde erhört: Bis März 2010 flossen im Zusammenhang mit der Liechtensteiner Steueraffäre, in deren Rahmen auch Zumwinkels »kreative Buchführung« entdeckt wurde, über 600 Millionen Euro an hinterzogenen Steuern an den Fiskus zurück – und zwar aufgrund von Selbstanzeigen. Dieser Umstand ändert aber nichts daran, dass der Staat nicht auf die Idee kommen sollte, Abschreckung für Steuersünder auf dem Rücken eines einzelnen Beschuldigten zu betreiben. Der Zweck, nämlich für mehr Steuerehrlichkeit zu sorgen, rechtfertigt nicht jedes Mittel, auch nicht das der Vorführung eines der Steuerhinterziehung beschuldigten Spitzenmanagers.

Dass Abschreckung auch anders funktionieren kann, zeigt das Auftauchen sogenannter Steuer-CDs. Anfang 2010 wurde bekannt, dass den Behörden eine Schweizer CD mit Bankdaten von deutschen Steuerhinterziehern aus dubioser Quelle zum Kauf angeboten worden war. Es entspann sich eine Diskussion, ob der Staat berechtigt ist, diese mögliche Hehlerware anzukaufen. Letztlich entschieden sich der Bund und das Land Niedersachsen dafür. Die entscheidende Abschreckung für Steuersünder und solche, die mit dem Gedanken spielten, es zu werden, war aber die Information, dass es die CD überhaupt gab.

»Schwarzgeld ist auch im Ausland nicht sicher«, lautete die Botschaft. Die Folge waren zahlreiche Selbstanzeigen von schwarzen Schafen.

Auch die Rolle der Medien im Fall Zumwinkel ist unrühmlich. So berechtigt Recherchen zu strafrechtlichen Verfehlungen von Wirtschaftsführern mit angeblicher Vorbildwirkung sind: Die Dokumentation der Hausdurchsuchung und der Festnahme diente letztlich reiner Neugierbefriedigung und heizte die soziale Schadenfreude an. »Endlich kriegt mal ein Bonze eins auf den Latz«, mag sich manch einer gedacht haben. Einen Informationsmehrwert, zum Beispiel darüber, wie denn nun Steuerhinterziehung bei den Mächtigen und Reichen funktioniert, lieferten die Bilder aus Köln-Marienburg nicht. So nachvollziehbar die Schadenfreude darüber sein mag, dass es einen »Großen« öffentlichkeitswirksam getroffen hat, so problematisch ist es, dass ein öffentlich-rechtlicher Fernsehsender einen Beschuldigten derart bloßstellt. Dass Zumwinkel nach der Live-Berichterstattung Morddrohungen bekam und Touristenbusse vor seinem Privathaus auftauchten, hat sicher kein Programmchef vorausgesehen. Hier zählten die – im wahrsten Sinne – unvergesslichen Bilder. Man muss kein Mitleid mit dem Straftäter Zumwinkel haben. Es bleibt jedoch festzustellen, dass gerade audio-visuelle Medien mittlerweile jede gebotene Zurückhaltung über Bord werfen, wenn die Bilder nur gut genug sind.

Eine weitere Erkenntnis aus den Fällen Zumwinkel und Kachelmann: Es gibt einen Prominenten-Malus in Deutschland, keinen Bonus, wie man vielleicht meinen könnte. Mittlerweile genügt der bloße Vorwurf eines Fehlverhaltens gegenüber einem Prominenten, und schon glauben die Ermittlungsbehörden, dass sie die Nachricht von der Festnahme des Betroffenen an die Medien weitergeben dürfen. Vor einer Gesellschaft, in der eine Melange aus Justiz und Boulevardmedien Menschen vernichten kann, muss aber gewarnt werden. Wir jedenfalls wollen keine Schauprozesse. Wir wollen eine von der öffentlichen Meinung unbeeinflusste Justiz.

Die Ironie der Geschichte Zumwinkel: Der Manager wurde im Jahr 2009 vom Landgericht Bochum auch deshalb »nur« zu zwei Jahren Haft auf Bewährung sowie einer Geldauflage von einer Million Euro verurteilt, weil – so ein Kommentar auf *stern.de* vom 26. Januar 2009 – dieser seine »persönliche Höchststrafe« schon bekommen hatte. Ganz am Anfang des Verfahrens, vom ZDF.

Medienhype statt Beschuldigtenrechte, Einschaltquote statt angebrachter Zurückhaltung – was halbwegs sendbar ist, wird gesendet, auch wenn es den Betroffenen demütigt oder seine Rechte verletzt. Das ist der aktuelle Zustand der Medienrepublik Deutschland. Keiner scheint den Zug der institutionalisierten Rechtsverletzung aufzuhalten, schlimmer noch: Keiner scheint ein Interesse daran zu haben, Rechtsverletzungen in den Medien anzuprangern und zu verurteilen.

»Zumwinkels Verhaftung wird live gesendet … klar, nicht schön, aber so ist es halt, wenn man in der Öffentlichkeit steht«, oder: »Stefan Raab führt einfache Menschen vor, die sich öffentlich ungeschickt geäußert haben, nicht toll, aber wer sich vor eine Kamera stellt …«, oder auch: »Ich gucke den ganzen Mist ja eh nicht« – solche Sätze hört man immer wieder. Wer das sagt, übersieht jedoch, dass die ganze Gesellschaft Schaden nimmt, wenn immer mehr Grenzen in den Medien überschritten werden. Vorverurteilungen gibt es ja nicht nur im Fall Zumwinkel, sondern sie können letztlich jeden treffen, der ins Visier von Ermittlungen gerät. Das kann ganz schnell gehen: Die falsche Verdächtigung eines Kollegen, man habe massenhaft Büromaterial gestohlen, und schon steht man im Lokalblatt, weil ein Staatsanwalt sich »verplappert« oder ein Polizist gegen »Informationshonorar« mit einem Journalisten gesprochen und Material aus der Akte geliefert hat. Noch weniger verständlich ist aus deutscher Sicht, was sich rund um die Festnahme des Ex-IWF-Chefs Strauss-Kahn im Mai 2011 in New York abgespielt hat. Der Franzose wurde sogar vom Staat öffentlich vorgeführt. Der sogenannte »perp walk«, der öffentliche Gang des Beschuldigten in Handschellen vom Gefängnis zum Haftrichter vor Kameras und Reportern ist im amerikanischen Rechtssystem üblich. Man ist dort der Auffassung, dass eine solche Vorführung auch der Transparenz dient. Wie sehr diese mächtigen Bilder einer Vorverurteilung Vorschub leisten, spielt dort weniger eine Rolle.

Das Prinzip der Unschuldsvermutung ist kein Selbstzweck, sondern dient einem fairen Verfahren und damit dem Vertrauen in den Rechtsstaat. Dieses wird massiv untergraben, wenn sich Medien zu Vorverurteilungen hinreißen lassen. Die Verfahrensvorgaben für Staatsanwälte und der Pressekodex für die Medien sollen gerade dazu dienen, den Beschuldigten die Chance zu geben, nach einem Freispruch oder einer Einstellung des Strafverfahrens nicht gebrandmarkt zu sein. Da sich an diese Zurückhaltung kaum noch jemand zu halten scheint, ist das wichtigste Urteil für den Beschuldigten häufig nicht das Strafurteil, sondern die zuvor gebildete öffentliche Meinung. Das Vertrauen in die Justiz als unabhängige Instanz, die in einem fairen Verfahren vorbehaltlos über Schuld und Unschuld urteilt, schwindet so immer weiter.

Dieser Niedergang kann nur gestoppt werden, wenn Journalisten sich klarmachen, welch weitreichende Folgen der schnelle Quotenerfolg hat, und dies bei ihrer Berichterstattung berücksichtigen. Er kann nur gestoppt werden, wenn zur Ausbildung junger Journalisten nicht nur ein paar Stunden Vortrag über das Presserecht gehören, sondern eine ernsthafte Diskussion über die Macht, die sie mit ihrer Arbeit ausüben können – und wie man seriös und verantwortungsvoll mit dieser Macht umgeht. Vorreiter können hier eigentlich nur die öffentlich-rechtlichen Sender sein, die wegen der Rundfunkgebühren am wenigsten abhängig sind von hohen Einschaltquoten und den dadurch erzielten Werbeerlösen.

Im Namen der Pressefreiheit: So stöbern Printmedien im Privaten

Die Methode »Bild«

Wer über den Verlust des Privaten durch Medien spricht, muss über die *Bild*-Zeitung sprechen. Deutschlands größte Tageszeitung erreicht bei einer Auflage von rund drei Millionen Exemplaren täglich rund zwölf Millionen Leser. Seit den 1970er Jahren gehört die Verletzung des Persönlichkeitsrechts von Prominenten, aber auch von völlig unbekannten Bürgern zum Geschäftsmodell von *Bild*. Lange Jahre stand die Zeitung geradezu für die Verletzung der Menschenwürde, für massivste Eingriffe in die Privat- und Intimsphäre und für Schmähkampagnen gegen Einzelpersonen. Erinnert sei nur an den Schauspieler Raimund Harmstorf, über dessen Psychiatrieaufenthalt die Zeitung im Mai 1998 berichtete und der sich einen Tag später das Leben nahm. Die Polizei teilte damals mit, dass Medienberichte ein »Mitauslöser« des Suizids gewesen sein könnten. *Bild* teilte damals mit, der Bericht sei »zutreffend und presserechtlich zulässig« gewesen.

Bis etwa Mitte der 2000er Jahre hielt *Bild* unbeirrt an dieser Praxis fest. Bekannt wurde der Fall einer Schauspielerin, deren Pornofilm-Vergangenheit *Bild* im Jahr 2004 »aufdeckte«, als sie Erfolge im seriösen Schauspielfach feierte. Über einige Zeit führte die Zeitung die

Schauspielerin immer wieder genüsslich mit ihrer Vergangenheit vor.

Aus jenen Jahren stammt auch ein Gerichtsurteil, das im Ergebnis feststellte, die *Bild*-Zeitung mache mit Rechtsverletzungen in ihren Berichten Kasse. *Bild*-Chef Kai Diekmann verlangte 2002 Schmerzensgeld von der Tageszeitung *taz*, weil diese auf der satirischen »Wahrheit«-Seite über eine Penisverlängerung des alerten Chefredakteurs spekuliert hatte. Die Klage scheiterte vor dem Landgericht Berlin. Die Urteilsbegründung vom 19. November 2002 (Az. 27 O 615/02) war eine Ohrfeige für *Bild* und ihren Chef: Zwar wurde die *taz* zur Unterlassung verurteilt, Geld gab es aber nicht, da Diekmann »bewusst seinen wirtschaftlichen Vorteil aus der Persönlichkeitsrechtsverletzung anderer sucht« und daher »weniger schwer durch die Verletzung seines eigenen Persönlichkeitsrechtes belastet wird«. Er müsse »davon ausgehen, dass diejenigen Maßstäbe, die er anderen gegenüber anlegt, auch für ihn selbst von Belang sind«.

Seit jeher ist die *Bild*-Zeitung gerade für die politische Linke der erklärte Feind. Heinrich Böll beschrieb die Methoden des Boulevards 1974 in seinem Roman »Die verlorene Ehre der Katharina Blum«. Wenige Jahre später deckte der Enthüllungsjournalist Günter Wallraff die Recherchemethoden in seinen Büchern »Der Aufmacher« und »Das ›*Bild*‹-Handbuch« auf. All das tat der Beliebtheit des Blattes jedoch keinen Abbruch; die Auflage war damals sogar noch höher als heute – auch wenn sich manch einer schämte, mit der *Bild* gesehen zu werden, und erklärte: »Ich lese die doch nur wegen des Sportteils.«

Von einem »Geschäftsmodell Persönlichkeitsrechtsverletzung« hat man bei der *Bild* aber zumindest in den letzten zwei, drei Jahren Abstand genommen. Während lange Zeit definitiv von einem kalkulierten Rechtsbruch mit regelmäßig »durchs Dorf getriebenen« Prominenten oder Nicht-Prominenten gesprochen werden konnte, muss man nunmehr zugestehen, dass die *Bild* in letzter Zeit bei Persönlichkeitsrechtsverletzungen abgerüstet hat. Solche Rechtsverletzungen kommen zwar weiterhin vor, sie sind aber definitiv seltener geworden; besonders gilt dies für schwere Rechtsverletzungen, die Schmerzensgelder rechtfertigen. Ebenso werden die Persönlichkeitsrechte von Prominenten stärker beachtet; nicht selten wird sogar dem Wunsch nachgekommen, dass ein Bericht über die Privatsphäre eines Prominenten nicht erscheinen soll.

Nach wie vor bleiben aber viele Bereiche der Berichterstattung von *Bild*, etwa die über Unglücksfälle oder Amokläufe, presserechtlich bedenklich. Hier gibt es noch immer eklatante Verletzungen der Rechte von Opfern und deren Angehörigen. Erinnert sei etwa an die Berichterstattung über die Katastrophe auf der Loveparade in Duisburg. Gerade zum letztgenannten Fall hat die *Bild* ihre ganz eigene Meinung, wie wir gesehen haben.

Warum die *Bild*-Zeitung ihre Praxis geändert hat, ist nicht eindeutig zu beantworten. Möglicherweise soll sie damit für mehr Leser akzeptabel werden und damit in die Mitte der Gesellschaft gerückt werden, wofür unter anderem die groß angelegte Werbekampagne »BILD Dir Deine Meinung« spricht, bei der sich beliebte Prominente unentgeltlich über die *Bild* äußern. Vielleicht spielt aber auch die durch Schmerzensgelder, Anwaltsgebühren und Gerichtskosten bedingte hohe finanzielle Belastung eine Rolle. Jedenfalls sitzt seit geraumer Zeit ein Jurist am sogenannten »Balken« der *Bild*-Zeitung. So heißen die langen Tische im Produktionsraum des Blattes, an dem neben Graphikern und Ressortleitern auch die Chefredaktion sitzt. Der Jurist prüft, ob Persönlichkeitsrechtsverletzungen gegeben sind. Wie das im Einzelfall abläuft, ist offiziell nicht bekannt.

Es wäre also nicht ganz zutreffend, die *Bild* heute noch als Revolverblatt zu bewerten, wie es etwa bis zur Mitte der 2000er Jahre üblich war. Gleichwohl trägt das Blatt durch seine Berichterstattung nach wie vor in erheblichem Umfang zum Verlust der Privatsphäre in unserer Gesellschaft bei.

Die Ausbeutung des Privaten auf dem Boulevard geht beim Flaggschiff des Springer-Verlages heute viel planmäßiger vonstatten als in früheren Zeiten, als Chefredakteure in blauen Oberhemden mit hochgekrempelten Ärmeln und Krawatten auf halb acht von Reportern des alten Schlages mit krassen Bildern verunfallter Jugendlicher versorgt wurden, die sie dann ins Blatt hoben. Wie man hört, wurde damals bei der redaktionellen Arbeit auch durchaus mal das eine oder andere Gläschen getrunken. All das hat sich geändert. *Bild* will nicht mehr Schmuddelkind sein, *Bild* will geliebt werden. Der *Bild*-Reporter heute ist hervorragend ausgebildet durch die hauseigene Axel-Springer-Akademie und tritt zuvorkommend auf. Der Verlag gibt zudem Millionen für Imagekampagnen aus (»BILD kämpft für Sie«, »BILD Dir Deine Meinung«). Die Botschaft lautet: *Bild* kümmert sich um Verbraucher, um Kinder, um die Sorgen und Nöte der kleinen Leute. *Bild* hat sogar eine Kunstkolumne. *Bild* bringt Exklusiv-Interviews mit Wirtschaftsführern, mit der Bundeskanzlerin und mit dem Dalai Lama. *Bild* ist regional und lokal nah dran an den Leuten und weiß, was die Stars bewegt. *Bild* hat natürlich den besten Sportteil. Und: *Bild*-Chef Kai Diekmann ging 2009 für hundert Tage unter die Blogger und inszenierte sich als Spaßgesicht des Axel-Springer-Verlages, das in »lustigen« Videoclips verschiedene Abteilungen des Verlages besuchte und dort mal nach dem Rechten sah. Es drängt sich der Gedanke auf, dass es bei all dem darum gehen könnte, das böse Gesicht von *Bild*, die alten Günter-Wallraff-Aufdecker-Geschichten, vergessen zu machen und von falschen Verdächtigungen à la Sebnitz (der Tod eines Jungen im Schwimmbad war kein – wie von der *Bild* vermutet – ausländerfeindlicher Anschlag) abzulenken. Sicher kennen wir die Motive nicht.

Über Privates und Intimes zu berichten, ist für *Bild* kein schwieriges journalistisches Feld, auch wenn es das eigentlich sein sollte, denn die Privat- und die Intimsphäre sind grundsätzlich geschützt, weshalb seriöse Zeitungen oftmals von einer Berichterstattung ganz absehen, wenngleich auch hier festzustellen ist, dass die Boulevardisierung voranschreitet. Privates und Intimes ist für die *Bild* vielmehr oft gerade der Anlass, eine »Geschichte« überhaupt zu bringen. Dabei macht sie mit ungewollten Storys aus dem Privatleben Nicht-Prominenter genauso Auflage wie mit der freizügigen Preisgabe des Liebeslebens oder der Finanzen von C-Prominenten oder auch der Familientragödie von A-Prominenten.

Kinderschänder und »Ein Herz für Kinder« unter einem Dach

Der *Bild* gelingt es auch immer wieder, durch geschickte Manipulation eigentlich gebotene Kritik an ihrer Publikationspolitik zu unterbinden oder im Keim zu ersticken. Nur ein Beispiel:

Am 1. November 2010 brachte sie eine Geschichte, bei der einem eigentlich der Atem stocken sollte. Die Zeitung hatte Josef Fritzl, den Schwerstkriminellen, der seine Tochter zweieinhalb Jahrzehnte in einem Verlies gehalten, sich viele hundert Male an ihr vergangen und sieben Kinder mit ihr gezeugt hatte, im Gefängnis besucht. Einen vom Landesgericht St. Pölten zu lebenslanger Haft und Einweisung in eine Anstalt für »zurechnungsfähige, geistig abnorme Rechtsbrecher« verurteilten Verbrecher, vor dem die Welt schauderte. Wer verschafft diesem von sich eingenommenen Mann (»Josef Fritzl, grüß Gott! Aber ich muss mich ja nicht vorstellen. Ich bin ja weltberühmt«), der die Öffentlichkeit liebt und ganz offenbar nichts dagegen hat, in den Medien weiter präsent zu sein, eine Bühne? Die *Bild*, unter der Überschrift: »Fritzl, warum zeigen Sie keine Reue?« In dem Artikel geht es im Wesentlichen darum, die Lebens- und Haftumstände des Mannes vorzuführen und diese Nicht-Meldung dem Leser sensationslüstern zu verkaufen: »Fritzls Alltag. 5.30 Uhr Wecken. Körperhygiene. Halbe Stunde Gymnastik. 7 Uhr: Fritzl schrubbt als ›Hausarbeiter‹ die Flure. 9 Uhr: Eine Stunde auf dem Fitness-Fahrrad. 10 Uhr: Fritzl bereitet das Geschirr für das Essen vor. 11 Uhr: Er teilt die Speisen aus (heute geröstete Knödel). Danach Mittagsruhe, nachmittags Hofgang.« Mit solchen Nichtigkeiten ist die ganze Meldung gespickt, am Schluss noch ein bisschen erhobener Zeigefinger in Richtung Fritzl: »Was wir in Erinnerung behalten: Das Inzest-Monster von Amstetten ist ein unbelehrbarer Verbrecher.« Und das war es dann. Auflage machen mit Schwerstkriminellen kann man so etwas nennen.

Natürlich gehört es zu einer richtig »guten« *Bild*-Geschichte, dass auch die Umstände des Interviews dubios sind. Die österreichische Justiz stellte nach der Veröffentlichung rechtliche Schritte gegen die Zeitung in Aussicht, weil kein Interview genehmigt worden sei. Das Gespräch sei erschlichen worden, indem sich der Reporter als Mitarbeiter eines Rechtsanwalts ausgegeben habe. Es hieß, auch Fritzl habe nicht gewusst, dass es um ein Interview gegangen sei. Der *Bild*-Reporter beteuerte allerdings, sich als Journalist vorgestellt zu haben, und feierte den Vertragsschluss mit Fritzl auch noch in einem bis heute bei *bild.de* abrufbaren Artikel, in dem es heißt: »Am Ende unterschrieb Fritzl eine Erklärung, dass er mit der Veröffentlichung des *Bild*-Interviews einverstanden ist.«

Man muss sich diesen Vorgang einmal in aller Ruhe vor Augen führen: Deutschlands größte Tageszeitung sammelt jedes Jahr mit der Aktion »Ein Herz für Kinder« Millionensummen für junge Menschen in Not. Die Zeitung unterstützt mit umfangreichen Berichten das RTL2-Format »Tatort Internet«, das Kinderschänder jagt, und ist sich dabei auch für Jubelarien über die Moderatorin Stephanie zu Guttenberg nicht zu schade. Und dann überlässt dieselbe Zeitung einem der schlimmsten Verbrecher der letzten Jahre viel Platz für seine Geschichtchen aus dem Gefängnis!

Bestimmt hat die *Bild* ein paar publizistische Argumente, warum diese Veröffentlichung genau so sein musste. Wo waren nun aber die deutschen Feuilletons, die Medienredakteure der »seriösen« Presse, als es darum gegangen wäre, über diesen Artikel öffentlich zu diskutieren? Die Google Newssuche ergab seinerzeit einen einzigen Beitrag dazu auf *sueddeutsche.de*, der sich im Agenturstil mit möglichen juristischen Schritten seitens des österreichischen Justizministeriums befasst. Ein Fünfzeiler. Und dann warf Google News noch einundzwanzig Artikel aus, die die nichtssagenden Worte von Fritzl aus der *Bild* übernommen und einen eigenen Artikel daraus gemacht hatten, ohne die *Bild*-Berichterstattung auch nur im Ansatz zu kritisieren.

»Kann man das bringen?« – wird diese Frage von Medienjournalisten eigentlich noch gestellt?

Der Umstand, dass Kritik in diesem Fall nahezu vollständig ausblieb, dürfte mit den mehr oder weniger subtilen Manipulationsmethoden der *Bild* zu tun haben. Zum einen hat das Blatt aufgrund breitangelegter Positivkampagnen wie »Ein Herz für Kinder« inzwischen ein anderes Image als früher. Es ist eben nicht mehr en vogue, sofort die Stimme der Kritik zu erheben. Zum anderen hat die *Bild* das Stück über Fritzl unter dem Vorwand gebracht, die Unbelehrbarkeit des »Verbrechers und Kinderschänders« anprangern zu wollen. Dass Herrn Fritzl damit ein breiter Raum zur Selbstdarstellung eingeräumt wurde, fällt offenbar nicht weiter ins Gewicht.

Der Reporter an »Omas« Krankenbett

Während *Bild* die Persönlichkeitsrechte Prominenter zunehmend respektiert und Promis sogar in Werbekampagnen einbindet, bleiben normale Menschen, die durch einen Unglücksfall oder Schicksalsschlag in den öffentlichen Blick geraten, weiter Gegenstand der üblichen Berichterstattung, wie die folgenden Beispiele aus einer Woche *Bild* im Oktober 2010 zeigen.

Nicht unbedingt eine Rechtsverletzung, aber doch eine Geschmacklosigkeit: Unter der Überschrift »Rollator-Oma (71) brutal überfallen« sehen wir eine Dame mit gebrochener Schulter im Krankenhausbett, erkennbar gezeichnet von dem Raubüberfall. Die Frau findet sich sogar mit einem kurzen Zitat im Text wieder. Wie es zu diesem Zitat und dem Foto gekommen ist, kann in diesem Fall nicht geklärt werden. Möglicherweise hat sie eingewilligt, aus welchen Gründen auch immer.

Einen anderen Fall schildert die Journalistin Kerstin Dombrowski. Sie war lange bei *Bild* und anderen Boulevardmedien, wollte irgendwann aber nicht mehr auf dem Niveau arbeiten und ging zum WDR. In ihrem Buch »Titten, Tiere, Tränen, Tote« beschreibt sie, wie ihre Chefs bei *Bild* sie als Witwenschüttlerin einsetzen wollten. Witwenschüttler nennt man im Boulevard allgemein Reporter, die Menschen ausfindig machen, deren Angehörige gerade schwer verletzt wurden oder gestorben sind. Opfer, die ansprechbar sind, werden auch selbst interviewt, mit rüden Methoden, eben »geschüttelt«, bis ein paar verwertbare Zitate herauskommen.

»Eine 18-Jährige hatte drei Wochen nach bestandener Führerscheinprüfung auf einer Landstraße die Kontrolle über ihren Wagen verloren und war gegen einen Baum gerast. Ihre beste Freundin starb auf dem Beifahrersitz, das Mädchen selbst lag auf der Intensivstation.«[19] Dombrowski schildert, dass sie – mit den Blumen in der Hand – ins Krankenhaus gehen, sich als Freundin ausgeben und versuchen sollte, ein Interview zu bekommen.

Dombrowski schildert anschaulich die Gewissensbisse, die sie insbesondere beim Gedanken an ein mögliches Zusammentreffen mit den Eltern hatte, als sie dann zur Klinik fuhr. Doch sie hatte Glück; die Krankenschwestern verweigerten ihr den Besuch bei der schwerverletzten jungen Frau. Unverrichteter Dinge zog die Journalistin wieder ab. Trotzdem wurde die Familie von *Bild* nicht in Ruhe gelassen: »Die Chefs schrieben die Geschichte trotzdem. Ohne Interview, mit einem Foto von dem zerstörten Wagen.«[20] Ob sich dieser Fall so abgespielt hat, wissen wir nicht. *Bild* dürfte es bestreiten.

Träfe die Schilderung zu, so hätte in diesem Fall zumindest das direkte, rüde Eindringen in die Privatsphäre eines an Körper und Seele ohnehin schon verletzten Menschen nicht funktioniert.

Doch es klappt immer wieder. Am 31. März 2008 in einem Interview mit dem Onlineportal *planet-interview.de* sagt Kerstin Dombrowski grundsätzlich hierzu: »Ich habe die Erfahrung gemacht, dass sich viele gar nicht trauen, einen Boulevardjournalisten vor die Tür zu setzen.« Viele Menschen sind offenbar zu vertrauensselig und ahnen nicht, dass ein an der Tür geäußerter Satz gegenüber einem Reporter oftmals schon als Einwilligung in eine Veröffentlichung verstanden wird (und rechtlich unter Umständen sogar so verstanden werden darf). Viele Menschen wissen nicht, dass die einzig schützende Reaktion ein »Kein Kommentar« und das sofortige Schließen der Tür ist.

In einem anderen *Bild*-Bericht sehen wir einen jungen Mann mit einem Handtuch über dem Kopf, der von Polizisten abgeführt wird. Vorwurf: »Dieser Handtuch-Mann randalierte in seiner Wohnung.« Sicher noch kein Kapitalverbrechen, trotzdem nennt *Bild* die Straße, das Stockwerk der Wohnung und den Vor- und (abgekürzten) Nachnamen des Mannes. Wer ihn kennt, weiß nun im Zweifel Bescheid, obwohl der Mann ein Recht auf Anonymität hätte. Mit der ist es jetzt jedoch vorbei. Was werden Freunde und Bekannte denken? Wie oft wird sich der Vorgeführte rechtfertigen und seine Version des Vorfalls schildern müssen? Und wie wird sein Arbeitgeber auf die Schlagzeilen reagieren? Eine Abmahnung wäre durchaus denkbar.

In einem weiteren Bericht in derselben Ausgabe geht es um einen siebzehnjährigen Jungen, der an einer Bushaltestelle niedergestochen wurde. Der Artikel enthält ein Foto des Teenagers im Krankenhausbett – und ein Zitat von ihm. Ob der Junge das *Bild*-Reporterkommando ans Krankenbett gerufen hat? Offen bleibt, ob er es in Ordnung fand, in der Zeitung aufzutauchen, denn sein Gesicht ist leicht gepixelt, möglicherweise auf seinen ausdrücklichen Wunsch. Möglicherweise war er aber auch einverstanden. Der sehr ungewöhnliche türkische Vorname wird genannt, zu erkennen ist das Verbrechensopfer also in jedem Fall. Hätte der junge Mann sich tatsächlich ausbedungen, nicht erkennbar dargestellt zu werden, wäre der Bericht indes rechtswidrig.

Unabhängig von dem vorgenannten Beispiel gilt, dass Menschen ohne mediale Erfahrung Boulevardreportern oftmals hilflos ausgeliefert sind und Zugeständnisse machen, deren Folgen sie nicht absehen können.

Man muss wahrscheinlich kein Mitleid mit dem jungen Mann haben, der in der Samstagsausgabe unter der Überschrift »Knast für Berlins schlimmsten ›Kinder-Dealer‹« mit einem handtellergroßen Foto im Innenteil des Blattes auftaucht. Die Geschichte: Der junge Mann soll Drogendealer sein und sich als Dreizehnjähriger ausgegeben haben, den Ermittlungen zufolge in Wirklichkeit aber bereits einundzwanzig Jahre alt sein. Lediglich das Gesicht des mutmaßlichen Täters ist schwach gepixelt. Eine typische *Bild*-Geschichte: Der Boulevard ist immer auf der Suche nach dem Superlativ – Berlins, Deutschlands, Europas jüngster, frechster, bestgebauter, schrecklichster Mann. Schon die Überschrift ist vorverurteilend. Es mag vieles für eine Täterschaft des Jungen sprechen, verurteilt ist er aber noch lange nicht, also darf *Bild* nicht vom »Kinder-Dealer« sprechen – es gilt die Unschuldsvermutung. *Bild* tut aber auch in Teilen des Fließtextes so, als sei alles schon bewiesen. Die Veröffentlichung des Fotos ist wegen des frühen Stadiums der Ermittlungen wohl ebenfalls unzulässig. *Bild* veröffentlicht es trotzdem. In Fällen wie diesen ist die Gefahr nicht sonderlich groß, dass der Betreffende sich juristisch wehrt und der Zeitung damit Kosten verursacht. Bei Prominenten, die häufig einen Medienrechtsanwalt haben, der sie unterstützt, wenn die Presse allzu zudringlich wird, geht man dieses Risiko nicht mehr so schnell ein. Nicht-Prominente, zumal aus schwierigen sozialen Verhältnissen, sind leichtere Opfer.

»Bild« als Leitmedium für den Boulevard

Die *Bild*-Zeitung hat es bei alldem inzwischen geschafft, Leitmedium für die gesamte Boulevard-Berichterstattung zu werden. Das Blatt gibt gewissermaßen morgens die Themen für die Yellow Press wie auch für die Berichterstattung in ARD, ZDF, RTL und Sat.1 vor. Diese Breitenwirkung ist eine neue Dimension. Nicht selten werden die *Bild*-Geschichten von fast allen Sendern übernommen, so dass sich jede Rechtsverletzung in *Bild* immer weiter fortsetzt und für den Betroffenen zum besonderen Verhängnis wird. Das Blatt gilt in den Boulevardredaktionen der Fernsehsender als Standardwerk, und man versucht, möglichst viele der dort gefundenen »guten« Geschichten abends in den eigenen Sendungen umzusetzen. Dazu braucht man im Fernsehen zwingend Bilder des Verbrechensopfers, des Abgestürzten, der Verunfallten. Die Opfer müssen also mit einer zweiten Welle rechnen.

Die *Bild* hilft, überspitzt gesagt, so manche Redakteursstelle in den Fernsehredaktionen einzusparen, weil sie beständig Krawallgeschichten liefert, die dann vom Fernsehen zweitverwertet werden. Die Verwertungskette der Ausschöpfung des Privaten funktioniert bestens. Positiver Nebeneffekt für *Bild*: Durch das Einblenden der Zeitung in den Boulevardgeschichten abends im Fernsehen wird unfreiwillig Werbung für das Blatt gemacht, denn der Zuschauer erfährt, dass *Bild* die Geschichte als erstes Medium gebracht hat.

Verhängnisvolle Nähe zwischen Promi-Managern und »Bild«

Die *Bild*-Zeitung lebt von bunten Geschichten, die häufig in direkter Zusammenarbeit mit den betreffenden Stars und Sternchen entstehen. Mancher B- oder C-Prominente erhofft sich von einer dicken *Bild*-Schlagzeile über sein Privatleben Aufschwung für die Karriere als Schauspieler, Sänger oder Moderator. In einigen Fällen geht die Initiative für solche Kooperationen von den Agenten und Managern der Prominenten aus, obwohl Letztere vielleicht gar kein so großes Interesse an der Geschichte haben. Der Kern des Problems ist dabei die Nähe zwischen PR-Beratern und den mit ihnen dauerbefreundeten Boulevardjournalisten, die häufig auf Kosten der Klienten geht. Der Manager rät dem Prominenten dazu, mit den Medien über sein Privatleben zu sprechen. Am Ende weiß der Prominente gar nicht mehr, wer ihn eigentlich dazu gedrängt hat, sein Privatleben öffentlich zu machen. Nach allem, was bekannt geworden ist, erscheint es nicht fernliegend, dass der Schauspieler und Kabarettist Ottfried Fischer so etwas erleben musste.

Fischer hatte mit einer Strafanzeige gegen einen ehemaligen *Bild*-Journalisten ein für alle Beteiligten hochnotpeinliches Gerichtsverfahren vor dem Amtsgericht München angestoßen. Das Gericht verurteilte den ehemaligen *Bild*-Reporter zu 14400 Euro Geldstrafe wegen Nötigung. In zweiter Instanz sprach das Landgericht München den Journalisten im Mai 2011 von den Vorwürfen frei. Fischer und die Staatsanwaltschaft haben Revision gegen das Urteil angekündigt.

Am Anfang stand in diesem Fall die Verabredung zweier Prostituierter, Ottfried Fischer Geld aus der Tasche zu ziehen. Der Schauspieler hatte bei einer der Prostituierten ein schönes Stündchen gebucht und wurde dabei heimlich gefilmt. Mit dem Video sollte eine Kreditkartenabrechnung für die Liebesdienste der Dame bei der Kreditkartenfirma von Fischer belegt werden, nachdem der die Abbuchungen reklamiert hatte. Das ist aber nur der eine Teil der Geschichte. Der andere, medial viel spannendere ist, dass der damalige *Bild*-Journalist das Video Personen aus dem Umfeld der Prostituierten abkaufte. Die *Bild* hatte auch über Fischers »Ärger« über den Prostituiertenlohn berichtet. Nun lag der Zeitung auch das Video vor.

Fischer engagierte eine PR-Beraterin, die ihm anbot, ihm aus dem Schlamassel herauszuhelfen. Der *Bild*-Reporter teilte der Agentin mit, dass er den Film habe. Die Agentin soll Fischer ein großes Interview mit der *Bild* vorgeschlagen haben. Ob der Journalist durch die bloße Erwähnung, den Film zu haben, eine Nötigung begangen habe, war unter anderem Gegenstand des Strafverfahrens. Der Journalist stellte dies in Abrede und erklärte zudem, er habe der Agentin sogar angeboten, den Film zu vernichten. Dies habe er auch tatsächlich gemacht.

Die Beraterin sah die Verabredung eines Interviews als in der Branche üblichen Deal an und konnte keinen Druck des Journalisten auf Fischer feststellen. Das überrascht nicht: Häufig sind es allgemein gesprochen und unabhängig von diesem Fall gar nicht die Prominenten selbst, die einen laxen Umgang mit ihrem Privatleben gegenüber der *Bild*-Zeitung pflegen, sondern ihre Agenten und Manager. Die haben zum Teil ein Dutzend oder mehr bekannte Gesichter unter Vertrag und brauchen die *Bild* für Publicity zum neuen Film, zum neuen Buch oder auch, um den nicht mehr ganz taufrischen Star wieder in die Schlagzeilen zu bringen. Viele von ihnen meinen, dass man es sich mit der mächtigen *Bild* keinesfalls verscherzen sollte – und raten ihren Klienten zur Homestory oder zum privaten Interview. Die Prominenten selbst sind im Umgang mit den Medienprofis vom Boulevard oft blauäugig und vertrauen ihren Managern. Das aber kann empfindlich schiefgehen, wenn sich die Manager im Gegenzug für Publicity in der größten deutschen Zeitung zu sehr mit den Journalisten einlassen.

Wie auch immer: Am 19. Oktober 2009 erschien dann jedenfalls ein ausführliches Interview der *Bild* mit Fischer, in dem er zu dem Streit mit den Prostituierten Stellung nahm. Dies verwunderte nicht nur die üblichen *Bild*-Kritiker; TV-Moderator Reinhold Beckmann fragte Fischer am 26. Oktober 2009 in seiner Late-Night-Sendung offen nach der Wahl des Blattes für das Interview: »Gibt es da ein Friedensabkommen mit der *Bild*-Zeitung, was weitere Veröffentlichungen betrifft?« Denn *Bild* hatte ja Fischers Privatleben mit den Prostituierten überhaupt erst ans Licht der Öffentlichkeit gezerrt. Fischers kryptische Reaktion damals: »Joa, wir haben jetzt ein gutes Handling miteinander.«

Später entschloss sich der Schauspieler jedoch, rechtliche Schritte in Form eines Strafverfahrens anzustrengen und damit den Vorwurf zu erheben, der *Bild*-Mann habe strafrechtlich relevante Recherchemethoden angewandt. Der Richter in der ersten Instanz glaubte dem Journalisten nicht und verurteilte ihn wegen Nötigung. Die Richterin der zweiten Instanz sah dies anders. Es sei nicht festzustellen gewesen, dass der Journalist auf Fischer Druck ausgeübt habe. Er habe vielmehr lediglich seinen Job gemacht. Auf *stern.de* wird die Richterin am 23. Mai 2011 folgendermaßen zitiert: »Er hat genau das gemacht, was ein Journalist eigentlich macht. Er hat Recherchematerial angekauft. (...) Herr Fischer ist mit Sicherheit das Opfer, aber nicht des Herrn S.[21] – sondern der Umstände und vielleicht auch seiner Agentin.« Ein juristischer Ausgang, den der Springer-Verlag mit allen Mitteln unterstützen wollte: Der junge Reporter war zum Zeitpunkt des Prozesses bereits seit einiger Zeit nicht mehr bei *Bild*, trotzdem war jedenfalls bei der Verhandlung am Amtsgericht München eine der erfahrensten Justitiarinnen des Springer-Verlages zugegen und sprach mit dem Verteidiger des Journalisten.

Der Fall Fischer belegt, dass zweifelhafte Recherchemethoden – seien sie nun strafbar oder, wie im Fall Fischer in zweiter Instanz festgestellt, nicht strafbar – bei *Bild* nicht ausgestorben sind, auch wenn es insgesamt inzwischen weniger eklatante Rechtsverletzungen gibt. Er belegt zudem, wie hilflos sich selbst Schauspieler, die im Umgang mit Medien häufig sehr erfahren sind, bei Recherchen in ihrer Privatsphäre fühlen können. Was auch immer sich hier tatsächlich zugetragen hat, ganz allgemein gilt: Gerade Boulevardjournalisten wissen sehr geschickt Andeutungen darüber zu platzieren, was alles passieren könnte, wenn der Betreffende jetzt nicht mit dem Reporter spricht – und Manager der Stars haben eine gefährliche Nähe zu diesen Reportern und großen Einfluss auf ihren »Schützling«. Diese Nähe kann gefährlich werden, denn auch so kann Privates in die Öffentlichkeit gelangen: scheinbar freiwillig, durch eigene Einlassung des Betreffenden, und eben doch nicht ganz aus freien Stücken.

Der Druck, das eigene Privatleben preiszugeben

Ottfried Fischer ist nicht der erste Prominente, der sich von der *Bild*-Zeitung unter Druck gesetzt fühlte und den Eindruck hatte, es sei besser, zu kooperieren.

Schon alleine die Kontaktaufnahme durch einen *Bild*-Reporter löst bei so manchem Prominenten ungute Gefühle aus. Der Musiker Martin Kesici, im Jahr 2004 Gewinner einer Sat.1-Castingshow, berichtet, wie ihn zwischen den Ausscheidungsshows ein *Bild*-Reporter anrief, um mit ihm über seinen Drogenkonsum vor einigen Jahren zu sprechen: »Der Reporter sagte, dass ich wohl vorbestraft sei. (...) Seine Sätze waren direkt und glasklar. Wenn ich das Viertelfinale gewinnen würde, dann würden sie die Story bringen. Sie wüssten ja ungefähr, was passiert sei. Ich schluckte und das Ja blieb mir im Hals stecken. Dann fragte er mich, wo wir uns treffen könnten (...)«[22]

Ob es sich so abgespielt hat, wissen wir nicht. *Bild* bestreitet gebetsmühlenartig, solche Anfragen zu stellen. Der junge Künstler jedenfalls glaubte, er habe gar keine Chance, die geplanten Berichte über seine private Vergangenheit abzublocken, zu sagen: »Kein Kommentar«, und einfach aufzulegen. Zwar gilt auch bei einem möglichen zukünftigen »Star« der Grundsatz, dass Privates privat bleiben sollte, doch Martin Kesici sah nur die Macht der *Bild* und nahm das Angebot, seine Sicht der Dinge zu schildern, in der Hoffnung an, die Geschichte etwas positiver darstellen zu können. Er erklärte sich also mit dem Gespräch einverstanden und machte damit die Sache selbst öffentlich.

Die Folgen nach dem Viertelfinale der Show beschreibt

Kesici so: »In der *Bild* stand einen Tag später auf Seite eins: ›Darf so einer Deutschlands neuer Superstar werden?‹ (...) Die Lawine war in Gang gebracht und ich musste bei sämtlichen Boulevard-Magazinen antreten und alles erklären. Der Fleck auf meiner weißen Weste war nun in der gesamten Republik bekannt.«[23]

Bild gelingt es immer wieder, für die Ausbreitung von privaten Geschichten die Einwilligung der Betroffenen zu bekommen, denn viele Kreative, Agenten und Manager glauben immer noch, dass eine öffentliche Karriere ohne *Bild* nicht möglich ist oder dass es ihnen schaden könnte, wenn sie das Blatt ignorieren. Dabei wird der Gegenbeweis jeden Tag geführt: Stefan Raab lehnt Kooperationen mit der *Bild*-Zeitung seit Jahren ab. Er ist wahrscheinlich der zurzeit wichtigste Mann im deutschen Unterhaltungsfernsehen. Sein Schützling Lena Meyer-Landrut gewann den Eurovision Song Contest 2010 ohne abgesprochene Geschichten mit dem Boulevardblatt. Andere Prominente wie Anke Engelke, Herbert Grönemeyer oder Harald Schmidt sind beste Beispiele großer Karrieren ohne Anbiederung bei der *Bild*.

Manche Prominente stellen aber auch einfach eine kühle Rechnung auf und machen beim Spiel von *Bild* gerne mit. Nach dem Motto: Tausche Privatgeschichten gegen Publicity.

Wie ist es zu erklären, dass die *Bild*-Zeitung am 8. November 2010 über die Trennung des Ex-Veronica-Ferres-Mannes Martin Krug und der Ex-Oliver-Kahn-Freundin Verena Kerth zu berichten weiß und es in dem Stück heißt: »Nun wohnt Krug wieder alleine. Er arbeitete zuletzt auch sehr viel, war u. a. Koproduzent des TV-Films ›Rosannas Tochter‹, der am Mittwoch um 20.15 Uhr in der ARD ausgestrahlt wird.« Ist es Zufall, dass die Krug-Geschichte just zwei Tage vor der Ausstrahlung des von ihm mitproduzierten Films kommt? Wir wissen es nicht. Beide Seiten dürften den genannten »Tausch« bestreiten, so dass wir es hier bei der Dokumentation der Auffälligkeit belassen wollen.

Ein anderer Prominenter hat das Spiel mit der *Bild* noch weiter auf die Spitze getrieben: Jörg Kachelmann. Wegen Berichten über ihn während seiner Haft ließ er schwere Geschütze gegen die Zeitung auffahren. Tatsächlich hatte das Blatt den für mehrere Monate inhaftierten Wettermoderator mit heimlich aufgenommenem Bildmaterial aus dem Gefängnis vorgeführt. Kachelmann dementiert Meldungen nicht, in denen davon die Rede ist, dass er zwei Millionen Euro Schmerzensgeld vom Springer-Verlag verlange, unter anderem wegen Berichten in der *Bild*. In einem großen Interview mit der *Zeit* vom 13. Juni 2011 kündigte Kachelmann nach dem Prozess einen Generalangriff gegen alle an, die behauptet hatten, er sei gewalttätig: »Zivil- und strafrechtlich werde ich versuchen, alle Leute zu belangen, die das behauptet haben. Durch das Internet ist das ja alles gut dokumentiert. Alles, was deutschen, schweizerischen und amerikanischen Anwälten einfällt, möchte ich in die Schlacht werfen.«

Wie passt das nun aber mit der medialen Inszenierung zusammen, zu der Kachelmann seine Freilassung aus der Haft machte, samt liebevoller Umarmung des Vollzugsbeamten und gefühligen Geschichtchen über seinen »Freund« René? Wie passt das dazu, dass Kachelmann die *Bild* Anfang November 2010 als exklusives Vehikel benutzte, um über die zukünftige Gestaltung seines Privatlebens zu plaudern: keine Wettermoderation mehr, »monogam« leben und gegebenenfalls erst einmal mit seiner Mutter zusammenwohnen.

Draufhauen auf den bösen Boulevard, der die Privatsphäre verletzt, und das Private gleichzeitig dort ausbreiten – das geht bei manchen Prominenten in einem Atemzug. Führt man sich ein solch bigottes Verhalten vor Augen, verwundert es nicht, dass Chefredakteure von Boulevardzeitungen sich darüber immer wieder ereifern, nach dem Motto: »Die Promis lassen sich von uns großmachen, und wenn ihnen eine Story nicht passt, sollen wir schweigen.«

Wer ein derart geschäftsmäßiges Verhältnis zu seiner eigenen Privatsphäre hat, tut in der Tat nichts dafür, dass das Recht auf Privatheit in unserer Gesellschaft wieder mehr geachtet wird.

Christian Wulff und Karl-Theodor zu Guttenberg: Die Lieblinge der »Bild«

Bild hat ungeheure Macht, und die nutzt sie nicht nur, um das Privatleben Prominenter auszuforschen, sondern auch, um Positivkampagnen für ausgewählte Politiker zu führen. Das Blatt, zu dem angeblich in Deutschland die politische Klasse und die Wirtschaftsführer morgens zuerst greifen, hat Hassfiguren, und es hat Lieblinge im politischen Berlin. Spitzenreiter unter den Lieblingen sind Bundespräsident Christian Wulff (nebst Gattin) und – jedenfalls bis kurz nach seinem Rücktritt – Ex-Bundesverteidigungsminister Karl-Theodor zu Guttenberg (nebst Gattin). Zu der Hofberichterstattung über diese beiden

Politiker muss man gar nicht viel sagen. Man lässt am besten *Bild* selbst sprechen.

Zunächst, Mitte 2009, war zu Guttenberg noch der »Polit-Senkrechtstarter«, und man erlaubte sich bei *bild.de* etwas verschämt die Frage: »Wieviel Obama steckt in zu Guttenberg?« Doch mit jedem Monat fand *Bild* das Paar besser, und im September 2010 war »Baronin« Stephanie schon die »heimliche First Lady«. In der Jubelarie hieß es weiter: »Es ist ihre Nacht«, »Stephanie überzeugt, (...) mahnt eindringlich, (...) Stephanie hat eine Wahnsinnsausstrahlung«, »sie glitzert im schwarzen Paillettenkleid«, »JEDER ... Gast will mit ihr reden«, »Stephanie zu Guttenberg – elegant und lässig. Eine Frau, die was zu sagen hat«.

Ende November 2010 wirkte die Guttenberg-Mania schon reichlich seltsam. Der Verteidigungsminister, auf der Chinesischen Mauer abgelichtet, und dazu Elogen auf den Glamourfaktor des neununddreißigjährigen Franken, noch heute nachzulesen bei *bild.de*: »Höher geht es nicht mehr – ob auf politischer oder gesellschaftlicher Bühne. Der Freiherr aus Bayern macht stets eine gute Figur (...).« Und über die Ehefrau: »An der Seite ihres Mannes oder in dessen Vertretung präsentiert sie sich als echte First Lady. Und so locker wie sie ist keine.« Über das Redetalent des Ministers dann nur noch: »Charme, Charme, Charme ...« Zu den Machtaussichten hieß es damals: »Wenn die Medien ihn nicht zu sehr verheizen, gibt es keinen anderen.« Nun, die Zeiten haben sich geändert.

Bis heute finden sich über das Dream Team in der *Bild* kaum kritische Worte. Das erstaunt umso mehr, als ja auch die Rücktrittserklärung von zu Guttenberg in der

Medienlandschaft nicht durchweg gut angekommen ist. Guttenberg hatte die Erklärung unter anderem dazu genutzt, Medienschelte zu üben: »Wenn allerdings, wie in den letzten Wochen geschehen, die öffentliche und mediale Betrachtung fast ausschließlich auf die Person Guttenberg und seine Dissertation statt beispielsweise auf den Tod und die Verwundung von 13 Soldaten abzielt, so findet eine dramatische Verschiebung der Aufmerksamkeit zu Lasten der mir Anvertrauten statt.«[24] Wenig zu eigenen Versäumnissen – und die »anderen« sind mitschuldig. Doch auch in dieser Situation ließ *Bild* den Minister nicht fallen. Schon am 1. März 2011, dem Tag des Rücktritts, spekulierte ein Artikel auf *bild.de* über ein mögliches Comeback des »Star-Ministers«.

Man kann solche unkritischen Artikel nicht einfach als Kleinigkeit des Medienbetriebs abtun. Es geht hier nicht um einen Sänger und seine neue CD, die von einer Redaktion in den Himmel gelobt wird.

Mit Karl-Theodor zu Guttenberg verbinden sich bestimmte politische Inhalte. Er hat wie wenige Unionspolitiker vor ihm beispielsweise die Abschaffung der Wehrpflicht zum politischen Thema gemacht und als Minister auch durchgesetzt. In der Opel-Krise vertrat er die Auffassung, eine Insolvenz des Unternehmens dürfe kein Tabu sein und sei bestimmten staatlichen Rettungsmaßnahmen vorzuziehen. Durch die beschriebenen Jubelartikel und die hierdurch ausgelöste Sympathie für den Politiker droht die Gefahr, dass der Leser sich nicht mehr mit dessen Standpunkten auseinandersetzt. Durch eine solche Kampagne bricht vielmehr – wieder einmal – ein Stück politische Diskussionskultur über gesellschaftlich relevante Themen weg. Wer Jubelartikel über einen führenden Politiker in Reihe verbreitet, sollte sich dieser Wirkung seines journalistischen Handelns bewusst sein. Mit dieser Art von Journalismus trägt man nicht zur politischen Willensbildung bei, sondern beeinflusst Wählerentscheidungen, und zwar alleine aufgrund der eigenen Sympathie für einen Politiker.

Auf der anderen Seite lässt das Scheitern von Karl Theodor zu Guttenberg den häufig zitierten Satz »Ohne die *Bild* lässt sich in Berlin nicht regieren« in einem anderen Licht erscheinen. Nun sagt der Fall von »KT« nichts darüber aus, inwieweit sich politische Entscheidungen gegen eine Kampagne der *Bild*-Zeitung durchsetzen lassen. Wohl aber ist festzustellen, dass die Pro-Guttenberg-Kampagne der *Bild* den Kopf des Ministers nicht retten konnte. Und das, obwohl Guttenberg ja tatsächlich auch in der Bevölkerung beliebt war. Sogar noch, als die Plagiatsvorwürfe aufkamen, hatte er beste Umfragewerte und bekam attestiert, die Vorwürfe stellten keinen Rücktrittsgrund dar. Die Macht von *Bild* reichte also nicht so weit, den Handlungsdruck auf zu Guttenberg aufzuweichen.

Gleichwohl kann mit Fug und Recht behauptet werden, dass Guttenberg der erste Minister ist, der über die Recherchen einer Internetseite stürzte. Denn erst die über mehrere Wochen ständig wachsende Sammlung von plagiierten Fundstellen in seiner Dissertation auf der Seite »GuttenPlag-Wiki« stellte die Tatsachengrundlage für den Sturm der Entrüstung, vor allem aus der Wissenschaft. Die Internetseite bekam im Juni 2011 für ihre Recherchen den renommierten Grimme Online Award.

Ähnlich beliebt wie die Guttenbergs sind bei der *Bild* auch Bundespräsident Christian Wulff und seine Frau

Bettina. Wenige Wochen nach der Wahl des neuen Präsidenten entschied sich das Blatt, dieses »Traumpaar« richtig gut zu finden. Schon im Oktober 2010 »verzaubern« die beiden bei einem ganz normalen Staatsbesuch den Kreml. *Bild* interessiert sich für die »große, schöne First Lady«, die Kindergartensuche der jungen Eltern, die Tattoos von Bettina Wulff. Schon bald ist sich die Zeitung sicher: »Die Deutschen lieben ihre First Lady.« Und das aus fünf Gründen: wegen ihrer »Offenheit, Stilsicherheit, Bodenständigkeit, Natürlichkeit, Glaubwürdigkeit«.

Dabei hätte es bei der politischen Gemengelage eigentlich nahegelegen, dass Wulff mit der *Bild* Probleme bekommt – spätestens nach seiner Rede zum zwanzigsten Jahrestag der deutschen Einheit, in der er feststellte, dass der Islam zu Deutschland gehöre. *Bild* hatte nämlich in den Wochen zuvor klar Position zugunsten von Thilo Sarrazin bezogen, der, grob gesprochen, davon ausgeht, dass Integration gescheitert sei. *Bild* hat Sarrazin medial gefördert (Auszüge aus seinem Buch »Deutschland schafft sich ab« wurden in der Zeitung abgedruckt) und in der Diskussion geschützt. Als sein Stuhl bei der Bundesbank wackelte, hieß die Schlagzeile: »Das wird man doch wohl noch sagen dürfen.« Nach dem Motto: Wider den Maulkorb für den Aufrüttler.

Selbst nach Wulffs Rede kam seitens der *Bild* wenig Kritik am Staatsoberhaupt. Bei all den Wulff-Elogen entsteht allerdings der Eindruck, dass es dem Blatt nicht darum geht, einen Bundespräsidenten zu hofieren, der sich für Integration einsetzt, sondern dass man ihn aus anderen Gründen toll finden will und deshalb auf eine Kampagne wegen der Äußerungen zum Islam verzichtet. Wie wäre man in so einem Fall wohl mit einem Politiker umgegangen, mit dem die *Bild* kein so herzliches Verhältnis verbindet? Greift *Bild* nur deshalb bestimmte kontroverse politische Themen nicht übermäßig kritisch auf, weil sich über das private Glück des Präsidentenpaares so herrlich berichten lässt?

Genauso wenig Kritik gab es, als im Juli 2010 bekannt wurde, dass Wulff mitsamt Familie als frischgebackener Bundespräsident in der Villa des Multimillionärs Carsten Maschmeyer urlaubte. Zwar bezahlte er Miete, die wurde allerdings von manchen Beobachtern als nicht sehr marktgerecht empfunden. Wen hat die *Bild* nicht allein für den Verdacht der Vermengung von Amt und privaten Vergnügungen politisch hochgehen lassen? Hier: kein böses Wort.

Es ist nicht leicht, herauszufinden, welche Gründe dazu führen, dass ein Politiker zum *Bild*-Liebling wird. Diese Dinge sind bis heute nie öffentlich geworden.

Warum werben von Weizsäcker, Gysi und Genscher für das Boulevardblatt?

Genauso unergründlich wie diese Präferenzen für bestimmte Politiker sind die selbstkritisch anmutenden *Bild*-Werbekampagnen, für die sich immer wieder Promis aus Politik und Gesellschaft vereinnahmen lassen. *Bild* geht auch hierbei unglaublich geschickt vor. In den letzten zwei Jahren kann man den Werbepostern in den Städten kaum entgehen, auf denen Prominente nach ihrer »ehrlichen Meinung« zu *Bild* gefragt werden und dann handschriftlich Stellung beziehen. Man nimmt *Bild* sogar ab, dass den Promis keine Vorgaben gemacht werden.

So darf Super-Nanny Katharina Saalfrank als Übermutti der Nation mahnen: »Lest Euren Kinder mehr vor – aber bitte nicht aus der *Bild*«, und Sarah Connor darf leise kritisieren: »Erstaunlich, wie man auch ohne Taktgefühl jeden Tag einen Hit landen kann.« Nur: Es bleibt doch dabei, dass es sich hier um Werbung handelt, die verdeutlichen soll, wie ach so liberal und lernfähig *Bild* ist. Die Botschaft: *Bild* ist gesellschaftsfähig geworden, denn alle wichtigen Prominenten lesen das Blatt. Zwar finden sie nicht alles gut, trotzdem sind sie bereit, den eigenen Werbewert für *Bild* herzugeben. Die subtile Botschaft kommt an, die Kampagne wurde immer wieder neu aufgelegt und mit großzügigen Etats versehen.

Nun wundert es nicht, wenn ein Sänger da mitmacht und letztlich die Promotion in eigener Sache gerne mitnimmt. Was aber bringt den ehemaligen Außenminister Hans-Dietrich Genscher, der die deutsche Einheit mitgeformt hat, dazu, sich für eine solche Imagekampagne herzugeben und vom Plakat zu lächeln: »Wenn ich *Bild* gelesen habe – täglich … weiß ich zwar nicht, was Deutschland denkt, was es fühlt aber schon – nach Meinung von *Bild*.«

Warum macht ein Gregor Gysi da mit? Einer, der häufig den Springer-Verlag mit Unterlassungsforderungen und Gegendarstellungen überzieht und im Jahr 2005 eine Riesen-Gegendarstellung auf die Titelseite brachte, weil das Blatt aus Anlass einer OP ein Foto abgedruckt hatte, das angeblich sein Gehirn zeigte. Nach Gysis Aussage geschah die Veröffentlichung ohne seine Einwilligung und sein Zutun. Ein Mann also, der weiß, dass die Zeitung Experte für Verletzungen der Privat- und Intimsphäre ist: Warum macht der Werbung für *Bild*?

Warum ist Altbundespräsident Richard von Weizsäcker, von dem man sich so gar nicht vorstellen kann, dass er morgens mit Wonne die *Bild* aufschlägt, um sich über das Unfallopfer der vergangenen Nacht oder die neuesten Peinlichkeiten von C-Prominenten zu informieren – warum ist sich selbst so ein Mann nicht zu schade, dabei zu sein? »Politik spannend, Stil (kunter-)bunt«, lautet seine Botschaft.

Bild macht Politik, und weil *Bild* Macht in der Politik hat, beteiligen sich Politiker an solchen Kampagnen. Wer zwölf Millionen Leser erreicht, hat Einfluss auf die Meinungsbildung oder gibt in vielen Fällen die Meinung einfach vor.

Solche Kampagnen zeigen, wie geschickt *Bild* Privates und Politisches vermischt, wie das Private zum Instrument des Politischen gemacht wird. Wenn Genscher, von Weizsäcker oder Gysi öffentlich ihre ganz persönliche Meinung zur *Bild*-Zeitung äußern, ist das eben nicht nur ein privates Statement, ein Gedanke, der den Herren zu Hause kommt, wenn sie die Zeitung aufschlagen. Es ist vielmehr die politische Aussage, dass *Bild* von Eliten gelesen und für wichtig und relevant gehalten wird – und dass deswegen die Meinung von *Bild* politisch relevant ist. Diese Botschaft richtet sich auch an die aktuell regierenden Politiker: An *Bild* kommt ihr nicht vorbei. Statements über die eigene, ganz private Meinung zu *Bild* zementieren also deren politische Macht.

Und politische Macht hat sie: Als Anfang 2010 bekannt wurde, dass eine neue CD mit angeblichen Steuersündern aufgetaucht war, die ihr Geld am Fiskus vorbei ins Ausland gebracht hatten, wurde in Deutschland heftig diskutiert, ob die Steuerbehörden zugreifen und für einen hohen Betrag die Daten ankaufen sollten. Eine Frage, über die man sich rechtlich lange den Kopf zerbrechen kann. Gute, auch strafrechtliche Gründe sprechen dagegen. Darf der Staat eine Informationsquelle nutzen, wenn die Informationen durch eine Straftat erlangt wurden? Denn das steht ja im Raum, wenn CDs mit sensiblen Bankdaten zum Kauf angeboten werden; die Bank hat die CD sicher nicht selbst gebrannt. *Bild* focht das nicht an. Die Redaktion spürte, wie die Massen es sahen: Die Bonzen sollen büßen. »Die Kanzlerin hat am Morgen die Schlagzeile in der ›*Bild*‹-Zeitung gesehen und wusste, was sie zu tun hatte«, sagte SPD-Fraktionsvize Joachim Poß am 2. Februar 2010 in einem Bericht auf *Spiegel Online*. Was Poß meinte: *Bild* hatte mit der Zeile »Kauft euch die reichen Steuer-Betrüger!« eine unverhohlene Aufforderung in Richtung Regierung gesandt. Tatsächlich sprach die Bundeskanzlerin sich dann öffentlich für den Kauf der Steuer-CD aus dubioser Quelle aus. Am nächsten Tag schrieb die *Bild* prompt: »Merkel jagt die Steuer-Betrüger«. Eine schöne Werbung für die Kanzlerin: Merkel, die aktive Politikerin, die Themen an sich zieht und für Gerechtigkeit sorgt.

Die *Bunte* ist ein »People-Magazin«, hier menschelt es also. Viele Stars und Sternchen sind gerne dabei, denn es gilt: »In ist, wer drin ist.« Vor einigen Jahren hat die *Bunte* am Ende des Heftes einen Index, eine Art Namensverzeichnis eingeführt, wo alle im Heft besprochenen Personen auftauchen. Mancher Promi schlägt zuerst diese Seite auf, um zu schauen, ob er genannt wird – oder vielleicht doch nur der TV-Konkurrent ...

Patricia Riekel, die Chefredakteurin der *Bunte*, kann offenbar nicht akzeptieren, dass es noch Prominente gibt, die von ihrer Zeitschrift einfach in Ruhe gelassen werden wollen. So hatte Bundesfamilienministerin Kristina Köhler in der *Bild am Sonntag* vom 31. Januar 2010 sinngemäß den Wunsch geäußert, ihre bevorstehende Hochzeit mit dem Innenstaatssekretär Ole Schröder als das anzusehen, was sie war, nämlich zunächst einmal ihre Privatsache. Darauf teilte Deutschlands einflussreichste Celebrity-Journalistin am 18. Februar 2010 per *Bunte*-Editorial mit: »Hoppla, wenn sie sich da mal nicht täuscht.« Riekel fuhr fort, es gehöre »zur abgerundeten politischen Persönlichkeit (...) auch die private Seite. Menschen wählen Menschen und deswegen wollen sie wissen, wie Politiker, die unser Schicksal gestalten, ticken; was für einen Charakter sie haben.«

Die Farbe des Brautkleides von Frau Schröder hat aber mit ihrer Politik wenig zu tun, ebenso wenig die Menüfolge beim Hochzeitsessen. Gewiss erwarten wir von Politikern zu Recht, dass sie bei ihren Entscheidungen und Überzeugungen keinerlei Interessenkonflikten unterworfen sind, dass sie dem Wähler gegenüber ehrlich sind und nicht korrupt. Und weil wir dies mit Recht verlangen, ist es plausibel, auf die Offenlegung ihrer Einkünfte und ihrer nicht-politischen Ämter und Funktionen zu pochen. Aber auch die Vertreter der Berliner Republik haben das Recht auf einen geschützten Raum, den man Privatsphäre nennt. Und dazu gehört die eigene Hochzeit. Gäbe es Anhaltspunkte, dass das Hochzeitsessen eines Politikers von der Industrie bezahlt wäre, ginge es die Öffentlichkeit etwas an, ansonsten ist das Menü für sie tabu. Sicher, viele Menschen sind neugierig auf das Kleid von Frau Schröder, aber es gibt eben kein »öffentliches Interesse« im Sinne einer Information, auf die der Leser und damit der Wähler Anspruch hätte. Dass mancher Volksvertreter sein Hochzeitsmenü mit Freude von der *Bunten* zitieren lässt, heißt noch lange nicht, dass jeder so handeln muss. Es gibt auch auf dem Boulevard keine Sippenhaft.

Diese Vereinnahmung der Politik durch den Boulevard zeigt sich auch in den Bespitzelungen, die der *Stern* Anfang 2010 aufdeckte und die in der Branche als »Bunte-Gate« (in Anlehnung an den Watergate-Skandal der 1960er Jahre) bekannt wurden – obwohl strittig ist, wie viel die *Bunte* tatsächlich mit dem Fall zu tun hat. Die Zeitschrift bestreitet, die zweifelhaften Recherchemethoden der von ihr beauftragten Bild- und Presseagentur gekannt zu haben, und reichte eine Unterlassungsklage gegen den *Stern* ein. Das Magazin habe den Eindruck erweckt, die *Bunte* habe von den Methoden gewusst. Ende Mai 2011 bekam die *Bunte* in dem presserechtlichen Streit insoweit Recht, als das Landgericht Hamburg dem *Stern* in erster Instanz für die Zukunft die Erweckung des gerügten Eindrucks untersagte.

Fest steht aber: Die *Stern*-Reporter Hans-Martin Tillack und Johannes Röhrig deckten auf, dass die Agentur CMK die Politiker Franz Müntefering, Horst Seehofer und Oskar Lafontaine bespitzelt hatte, um Informationen und Bildmaterial aus deren Privatleben zu sammeln. Zumindest einige Mitarbeiter der Agentur wandten dabei Recherchemethoden an, die sonst nur in Spionagefilmen zu sehen sind. Besonders interessierte dabei, dass Müntefering nach dem Tod seiner Frau Ankepetra mit einer deutlich jüngeren Frau zusammenlebte. Bei dem Linke-Politiker Lafontaine wurde das Interesse von Gerüchten über eine angebliche außereheliche Affäre gespeist.

In dem *Stern*-Enthüllungsartikel »Verfolgt und ausgespäht« vom 23. Februar 2010 war die Rede von manipulierten Briefkästen bei Münteferings Freundin Michelle Schumann, von geplanten Bewegungsmeldern unter Münteferings Fußmatte, stundenlangen Observationen der Privatwohnungen von Müntefering und Lafontaine, von Paparazzi-Abschüssen und angemieteten Hausbooten, um besser ins Wohnzimmer von Lafontaine schauen zu können. Alles ziemlich hässliche Methoden, die seriöse Journalisten selbst in einer konspirativen Investigativrecherche nicht anwenden würden.

Der Deutsche Journalistenverband (DJV) sprach in einer Stellungnahme zu dem Sachverhalt ausdrücklich von »dubiosen Methoden«, die ein Einzelfall bleiben müssten, und wies darauf hin, dass nach seiner Ansicht Recherchen im Intimleben von Politikern tabu seien. Der *Stern* lieferte die medienethische Einordnung des Vorgangs in dem Enthüllungsartikel gleich mit. Der Leipziger Journalistikprofessor Michael Haller wird wie folgt zitiert: Die

»Recherchen« zu Müntefering seien »berufsethisch eindeutig unzulässig. Münteferings Privat- oder gar Intimsphäre hat mit seinem politischen Mandat schlicht nichts zu tun.«

Frau Riekel, die die Geschicke der gedruckten Promi-Parade seit 1997 ziemlich erfolgreich leitet und das Blatt zu einem Partner der Schönen und Reichen der Gesellschaft gemacht hat, räumt ein, dass die *Bunte* die Agentur CMK mit Recherchen zu einer »entscheidenden Veränderung im Leben« von Franz Müntefering beauftragt habe. Der Verlag der *Bunten* bestreitet wie gesagt, von Art und Inhalt dieser Recherchen etwas gewusst zu haben. Interessanterweise will auch der Chef der Agentur, Stefan Kießling, mit den genannten Methoden nichts zu tun haben. Es habe sich um die Aktionen zweier Mitarbeiter gehandelt, von denen man sich getrennt habe. Auch seien keine »widerrechtlichen Manipulationen am Eigentum öffentlicher Personen vorgenommen« worden, heißt es in einer CMK-Erklärung vom 26 Februar 2010.

Fest steht jedenfalls, dass die *Bunte* die Agentur beauftragt hatte, Recherchen mit Bezug zum Privatleben der Politiker durchzuführen. So richtig zum Ende kam man damit nicht. Aber nicht, weil man der Auffassung gewesen wäre, dass das Privatleben die Öffentlichkeit nichts angehe. Es hatte eher praktische Gründe, so die Presseerklärung der *Bunten* vom 24. Februar 2010: »Im Fall Lafontaine wurde der Rechercheauftrag von BUNTE zurückgezogen, weil sich die Hinweise zu diesem Zeitpunkt nicht verifizieren ließen. Im Fall Seehofer entschloss sich die Geliebte, mit BUNTE zu sprechen. Im Fall Müntefering beschloss der SPD-Politiker, seine Beziehung zu seiner jetzigen Frau öffentlich zu machen.«

Die Grünen-Politikerin Renate Künast schrieb einen Brief an den *Bunte*-Verleger Hubert Burda, in dem sie eine klare Distanzierung des Verlages von den durch die CMK angewandten Methoden forderte. Die Antwort kam prompt, allerdings nicht vom Verleger, sondern von der Chefredakteurin der *Bunten*, und zwar in einem offenen Brief. Frau Riekel legte noch mal nach und bemühte in einer öffentlichen Entgegnung vom 2. März 2010, die unter anderem auf *focus.de* veröffentlicht wurde, große Worte: »Zu unserer journalistischen Aufgabe gehört, durch Berichte über Politiker zur Meinungsbildung beizutragen, dazu gehört auch die Aufdeckung von Diskrepanzen zwischen dem gewünschten Image eines Politikers und seinem tatsächlichen Verhalten. (...) Selbstverständlich bleibt die Intimsphäre absolut geschützt. Die erfasst aber nur den innersten Bereich. Beziehungen, Partnerschaften, Trennung und Scheidung mögen privat sein, aber zur Intimsphäre gehören sie nach der völlig einhelligen Auffassung der Juristen nicht.«

Die »Wachhundfunktion« der Presse, ganz neu interpretiert: ein Auftrag an eine dubiose Rechercheagentur, weil die Freundin eines SPD-Politikers vierzig Jahre jünger ist als er? Wo sieht Frau Riekel hier eine »Diskrepanz zwischen Image und tatsächlichem Verhalten«? Hat Franz Müntefering für ein Verbot von Beziehungen mit großem Altersunterschied geworben? Nichts dergleichen! Und: Der Umstand, dass ein Politiker eine Beziehung unterhält, gehört vielleicht nicht zur Intimsphäre. Das bedeutet aber noch lange nicht, dass darüber einfach so berichtet werden darf. Denn solange das Privatleben keinen Einfluss auf die berufliche Tätigkeit hat, ist es geschützt – sofern der Politiker nicht öffentlich damit hausieren geht. Das hatte Müntefering aber gerade nicht getan, auch nicht dadurch, dass er öffentlich angekündigt hatte, sich zeitweilig aus der Politik zurückzuziehen, um seine schwerkranke Frau Ankepetra zu pflegen. Denn über die zwingend notwendige Ankündigung des zeitweiligen Rückzuges (die Öffentlichkeit hätte sich sonst über den Verbleib des Spitzenpolitikers gewundert) hinaus sind – so weit ersichtlich – keine nennenswerten Geschichten vom Krankenbett im Hause Müntefering aus dieser schweren Zeit bekannt geworden.

Das Erschreckende an dieser Detektivgeschichte ist: Ihre Aufdeckung hat nichts verändert. Franz Müntefering reichte nach Bekanntwerden der Vorwürfe eine Beschwerde beim Deutschen Presserat ein, dem Selbstkontrollgremium der Presse. Das Verfahren wurde eingestellt, weil sich der Presserat nicht in der Lage sah, den wahren Sachverhalt aufzuklären, insbesondere, welche Rolle die *Bunte* tatsächlich gespielt hat. Es steht Aussage gegen Aussage. Fazit: Der Presserat verfügt nicht über die nötigen Befugnisse, um im Wege einer Beweisaufnahme zu klären, was die *Bunte* mit den Vorwürfen zu tun hat.

Wie weit solche Spitzelmaßnahmen gehen können, zeigt das Beispiel der Zeitung *News of the World* aus England. Im Juli 2011 wurde das Massenblatt eingestellt, nachdem konkrete Vorwürfe laut geworden waren, dass die Telefone von Politikern und anderen öffentlichen Personen in der Vergangenheit durch Mitarbeiter des Blattes abgehört worden sein sollen. Es kam zu Rücktritten und Festnahmen; England hatte einen handfesten Medienskandal, der das Land über Wochen beschäftigte.

Hierzulande fiel die Reaktion auf die Spitzelvorwürfe gegen die Agentur-Mitarbeiter weit weniger heftig aus.

Mitarbeiter einer Agentur wenden bei Recherchen über das Privatleben von Politikern Spitzelmethoden an: Da müsste doch eigentlich eine Diskussion unter Politikern, Journalisten, Medienethikern und Medienrechtlern beginnen, welche ethischen Mindeststandards bei der politischen Recherche und Berichterstattung noch gelten sollen. Man könnte auch die Frage stellen, wie weit das Privatleben von Politikern bei der Beurteilung ihrer politischen Leistungen herangezogen werden kann und ob die in den Bonner Jahren übliche Trennung zwischen privat und öffentlich noch als zeitgemäß empfunden wird. Von solchen Diskussionen war wenig bis nichts zu hören. Stattdessen gingen die Besuche der *Bunten* bei Spitzenpolitikern munter weiter – zum Beispiel am 30. September 2010, als der SPD-Mann Peter Struck über sein Leben ohne die »Droge« Politik berichtete und kundtat, dass seine Frau und er sich erst wieder aneinander gewöhnen müssten, seit er mehr Zeit habe, und dass er nun gerne in Baumärkte gehe.

Die Symbiose zwischen Unterhaltungsmedien und der nach Aufmerksamkeit lechzenden Politik ist nicht mehr aufzuhalten. Die Folge: Politik wird immer mehr personalisiert, Sachentscheidungen und der Kampf ums beste Argument treten immer weiter in den Hintergrund. Der Volksvertreter als Wohlfühlfigur zwischen Filmstars und Werbung für Antifaltencremes. Medienbeobachter und auch manche Politiker haben in den letzten Jahren beklagt, dass Politik nicht mehr wirklich im Bundestag diskutiert werde, sondern in TV-Talkrunden bei Anne Will, Maybrit Illner und anderen. Dem lässt sich entgegenhalten, dass bei diesen Runden wenigstens noch (jedenfalls meist) über die Sache gesprochen wird. Die seichten Auftritte in der Boulevardpresse hingegen haben mit der Suche nach der besten politischen Lösung rein gar nichts mehr zu tun. Mit ihnen entpolitisiert sich die Politik selber. Man mag dadurch Sympathien bei Wählern gewinnen, aber nicht das Interesse an politischen Auseinandersetzungen – eine Voraussetzung für eine funktionierende Demokratie.

»Einmal zum Casting, bitte«: Leben im Fernsehen

»Dalli Dalli«, »Lassie« & Co.: Früher war alles anders

Wer einen Blick in eine vergilbte Fernsehzeitschrift aus dem Jahr 1982 wirft, der trifft auf weniges, was die Zeit überdauert hat: das »Sportstudio«, »Wetten, dass ..?«, das »Wort zum Sonntag«. Und er trifft auf Altbekanntes, das durch Wiederholungen immer noch unser Programm beglückt, wie zum Beispiel »Lassie«, »Bio's Bahnhof« oder »Dalli Dalli«. Nachmittagstalkshows, in denen Unprominente Seelenstriptease betrieben, und Casting- oder Reality-Shows, in denen das Privatleben der Kandidaten vorgeführt wurde, gab es in den frühen Achtzigern aber noch nicht. Das Fernsehen war ein Abbild der Gesellschaft, die das Private und das Öffentliche scharf trennte. So kamen die Fernsehleute auch nicht zu uns nach Hause, um in unserer Wohnung zu drehen. Wenn überhaupt, ging man ins Fernsehen – aber nicht, um als Superstar berühmt zu werden, sondern um vielleicht beim »Großen Preis« 10000 DM zu gewinnen. Wer als Quizkandidat auftrat, nannte seinen Namen, wo er herkam und vielleicht noch, was er beruflich machte. Mehr war tabu.

Der Rückblick zeigt, dass sich das wichtigste Massenmedium des 20. Jahrhunderts in den letzten fünfundzwanzig Jahren geradezu revolutionär verändert hat. Erst schleichend, dann rapide entwickelte es sich zum

Ausstellungsort für Privates und Privatestes – ob bewusst inszeniert, wie in Castingshows oder Nachmittagstalkshows, oder ungewollt, wie beim Abfilmen von Unfallopfern für Boulevardmagazine. Andy Warhols Voraussage »In Zukunft wird jeder 15 Minuten berühmt sein« ist durch nichts so wahr geworden wie durch das Fernsehen des letzten Vierteljahrhunderts. Die Rückschau auf das Programm der drei öffentlich-rechtlichen Sender (ARD, ZDF und das jeweilige Regionalprogramm) lohnt auch deshalb, weil sich so belegen lässt, wer das Fernsehen zur Ausziehbühne für das private Ich gemacht hat: die privaten Fernsehsender.

War das TV-Angebot bis Mitte der achtziger Jahre noch ziemlich bieder und langweilig, kam 1985 die Zeitenwende. RTL (damals noch RTL plus) und Sat.1 wurden gegründet, viele weitere Privatkanäle folgten. Die Macher der neuen Programme brachten Aufbruchstimmung mit. Sie wollten die Konventionen der Öffentlich-Rechtlichen brechen, ein freches Programm machen – und hatten Erfolg damit. Ein Beispiel: Talkshows sollten nicht mehr aus gemütlichen Runden rauchender und Wein trinkender älterer Damen und Herren bestehen, also wurde das RTL-Format »Der heiße Stuhl« aus der Taufe gehoben. Auf besagtem Stuhl nahm eine Person mit einer möglichst verqueren These Platz. Ein Beispiel aus dem Jahr 1991: »Männer sind hirnlos, unförmig und primitiv.« Diese Person schrie dann mit einer Handvoll Kontrahenten um die Wette, weil alle ständig durcheinanderredeten. Es wurde beleidigt bis zur persönlichen Herabwürdigung. Die Quoten stimmten, auch wenn das Format eine Zumutung für jeden halbwegs intelligenten Zuschauer war.

Fernsehen ist durch die Privatsender allerdings keinesfalls nur trashiger oder schlechter geworden. Viele Formate hatten und haben ihr Ohr näher am Zuschauer als ARD und ZDF. Sendungen wie »RTL aktuell«, die Hauptnachrichtensendung des Kölner Senders, setzen beispielsweise seit jeher stark auf Nutzwertjournalismus, prüfen also den Nachrichtenwert einer Meldung, indem sie fragen: »Was heißt das für den Zuschauer konkret?« Ein Ansatz, den beispielsweise die »Tagesschau« der 1970er und 1980er Jahre vermissen ließ. Die Privaten haben die alteingesessenen Sender hier zum Umdenken gebracht. In den letzten Jahren ist die Zahl der verbraucherorientierten Sendungen in den öffentlich-rechtlichen Programmen rapide gestiegen.

Allerdings: So wenig angriffslustig, frech und lebensnah die Öffentlich-Rechtlichen damals waren, so sehr übertrieben die Privaten gerade in den Anfangsjahren den Krawall und die Bloßstellung von Menschen. Wer vom staatstragenden »Tagesschau«-Journalismus weg wollte, der musste vor allem ein Element bei der Berichterstattung hinzufügen: Personalisierung. Berichtete RTL über jugendliche Kriminelle, zeigte man nicht etwa langweilige Jugendamtsflure, sondern die Eltern und Freunde von jugendlichen Intensivstraftätern oder vielleicht den jungen Straftäter selbst, am besten unverpixelt und mit einem saftigen Statement in die Kamera.

Tabubrüche: Die ersten Privatleute ziehen sich fürs Fernsehen aus

Begonnen hatte bei RTL, dem Prototyp des Privatsenders, alles noch ganz ungelenk: mit den ursprünglich »7 vor 7« genannten Nachrichten (die anfangs sehr provisorisch daherkamen), amerikanischen Serien wie »Knight Rider« und »Hulk« und einem aus dem RTL-Radioprogramm übernommenen Reisequiz namens »Ein Tag wie kein anderer«. Der erste Tabubruch war »Tutti Frutti«, die von Hugo Egon Balder moderierte Show der »nackten Tatsachen«, die 1990 auf Sendung ging und die angeblich niemand schaute – was die bis zu vier Millionen Zuschauer nur schwer erklären konnte. Die Spielregeln der ersten Stripshow im Fernsehen verstand kaum jemand, entscheidend war, dass sich die professionellen Models und, je nach Spielverlauf, auch die Kandidaten auszogen.

Medienwächter und öffentliche Meinung reagierten empört auf das neue Format. *Spiegel Online* versuchte am 20. Februar 2008 zu ergründen, warum das so war: »Es waren ganz normale Menschen, die sich auf die Bühne wagten. Was Anja aus Kerpen, Elke aus Koblenz oder Gabriele aus Euskirchen köderte, war die Aussicht auf zuerst 3000 Einheiten des Euro-Vorläufers Ecu, dann 3000 D-Mark und zuletzt 1000 Mark pro Länderpunkt. Deine Nachbarin nackt im Fernsehen – rrrrrr!«

Tatsächlich kämpften hier Kandidaten nicht nur mit ihrem Köpfchen um den Gewinn, sondern vor allem mit ihrem Körper. Ganz normale Leute, nackt im Fernsehen – das war der erste Schritt in die mediale Komplettexposition des Privaten. Und das war erst der Anfang.

Die Sender hatten festgestellt, dass Zuschauer sich für die Entblößung des Körpers gänzlich Unprominenter interessierten, warum also nicht auch für die seelische Entblößung? Das war die Geburtsstunde der Nachmittagstalkshow im deutschen Fernsehen. Deren Gäste waren in erster Linie Leute wie du und ich, und geredet wurde jeweils zu einem Thema aus ihrem häufig bizarren Alltagsleben. Auch das eine Veränderung gegenüber dem öffentlich-rechtlichen Talk der früheren Fernsehjahre, wo fast ausnahmslos Prominente zu Gast waren. 1992 ging Vorreiter Hans Meiser an den Start, es folgten Ilona Christen, Bärbel Schäfer, Britt Hagedorn, Jörg Pilawa, Johannes B. Kerner, Sabrina Staubitz und noch ein paar andere. Alleine RTL hatte zu seinen besten Zeiten fast ein halbes Dutzend Talks am Start, die das Nachmittagsprogramm mit endlosem Gequatsche füllten. Und zwar über Privates und Intimstes: Arabella Kiesbauer erörterte auf Pro 7 mit jungen Damen das Thema: »Lolitas: jung, knackig, raffiniert«, Meiser befragte zu: »Ich rede nicht viel, ich schlag' gleich zu«, oder: »Du bist doch bloß ein Flittchen«.

Durch die zweifellos härteste Nachmittags-Seelenstripshow auf RTL führte Birte Karalus. Bald nach dem Start stellte die Landesmedienanstalt fest, dass die Sendung die »freiwilligen Verhaltensgrundsätze« der Privatsender nicht eingehalten habe. In einer Ausgabe wurde der damals vierzehnjährige (!) Intensivstraftäter »Mehmet« aus der Türkei zugeschaltet und durfte unter dem Thema »Mehmet – Warum stehst du auf Gewalt?« über sein Schicksal berichten. Ein nicht volljähriger Serienstraftäter als Fernsehstar! Die Sendung stieß in anderen Medien gerade wegen der fehlenden Qualität der Befragung durch Birte Karalus auf massive Kritik. So konstatierte die *Ber-*

liner Zeitung am 27. November 1998: »Es geht ja nur darum, das kleine Monster ins Fernsehen zu setzen.«

Diese schlimmste aller Selbstentblößungsshows blieb nur gut zwei Jahre auf Sendung. Offenbar war das Format selbst dem dauerkonsumierenden Talkshowgucker zu trashig. Bröckelnde Quoten, dann die Absetzung.

Im Laufe der Zeit entwickelte sich eine interessante Typologie der Talkshow-Gäste. Dem Sozial- und Medienpsychologen Gary Bente zufolge gibt es den »Fernsehstar«, der sich exponieren wolle, den Typ »Patient«, der die Sendung zu einer Art therapeutischer Selbsterfahrung nutze, den »Ideologen«, der sich bemühe, eine Botschaft zu transportieren, und den »Rächer«, der die für ihn seltene Möglichkeit genieße, eine Situation zu beherrschen. Viele der Gäste in den Nachmittagstalkshows stammen laut Bente aus sozial benachteiligten Familien, kämen dann aber als kleine Stars zurück.[25]

Vielleicht ist das der Grund, warum das Reden über ausgefallene Sexpraktiken, das gestörte Verhältnis zu den Schwiegereltern oder die eigene Verklemmtheit nicht mit diesen Talkshows unterging. Die Selbstentblößung lebt in anderen Formaten weiter.

Ab in die Castingshow: Spektakuläres Privatleben erwünscht

Die meisten Nachmittagstalkshows liefen zu Beginn der 2000er Jahre aus. Den Programmmachern war nämlich aufgefallen, dass die Fernsehzuschauer nicht fünf Stunden lang Studios mit Publikum im Hintergrund, ein paar verlorenen Seelen als Protagonisten im Vordergrund und einem Moderator in der Mitte sehen wollten. Zu starr und zu langweilig.

Und so begann der Castingshow-Wahn. Auf einmal wollten alle »Popstars« werden. So hieß auch das erste Format dieser Art in Deutschland, das zunächst auf RTL 2 lief. Am erfolgreichsten aber wurde »Deutschland sucht den Superstar« bei RTL – »DSDS«, wie Insider die Show nennen. Das Format lief kürzlich in der achten Staffel, und schon bei Sendungsstart im Jahr 2002 bewarben sich Zehntausende junge Menschen, um Warhols Prophezeiung zu leben. Die Anziehungskraft von DSDS ist bis heute ungebrochen. Bei der siebten Staffel im Jahr 2010 waren es etwa 34 000 Bewerber.

Das Prinzip: In den ersten Wochen strahlt RTL unter anderem Filmmaterial von Castings aus, bei denen mehr oder minder sanges- und tanzbegabten jungen Menschen, die voller Enthusiasmus antreten, von der Jury klargemacht wird, was von ihren Künsten zu halten ist: nämlich wenig bis nichts. Gleichzeitig stellt der Sender die ersten Castingauftritte von Kandidaten vor, die vielleicht weit kommen können. Nach und nach scheiden die Teilnehmer aus, bis nur noch zwei Hände voll übrigbleiben. Diese treten dann in den wöchentlichen Live-Mottoshows gegeneinander an und werden von der Jury bewertet. Anschließend wird ein Kandidat oder eine Kandidatin vom Fernsehpublikum per Telefonabstimmung hinausgewählt. Die Telefonabstimmungen der Zuschauer sind für die Sender dieser Castingformate sehr wichtig, denn sie verdienen an den Telefon- und SMS-Gebühren für das Voting kräftig mit.

Im Interesse der Einschaltquote müssen die unbekannten Möchtegern-Stars zuweilen üble Beschimpfungen von Ober-Jurymitglied Dieter Bohlen über sich ergehen lassen.

Aufgrund einer Beanstandung der Kommission für Jugendmedienschutz (KJM), einem Organ der Landesmedienanstalten, die die Aufsicht über die Sender führen, musste RTL im Jahr 2008 100 000 Euro Bußgeld zahlen, weil nach Ansicht der Kommission »beleidigende Äußerungen und antisoziales Verhalten in dem TV-Format als Normalität dargestellt werden«, wie es in einer Pressemitteilung der KJM vom 9. Juli 2008 heißt. Ein gefundenes Fressen für RTL, findet der frühere Chef von Sat.1, Roger Schawinski, der mit dem Konkurrenzprodukt »Star Search« nicht so viel Glück hatte: »Die Landesmedienanstalten sind Teil des Prinzips. Man geht immer an die Grenze, sucht den Skandal, versucht, Krawall zu machen. Und wenn die Landesmedienanstalten dagegen einschreiten, hat man noch eine Schlagzeile mehr in der Zeitung.«[26] Und das ist wiederum gut für die Quote von RTL.

Die Versuche, gegen das Treiben von Bohlen & Co. vorzugehen, haben bisher nicht viel gebracht. Bohlen klopft immer noch Sprüche, und RTL stellt sich auf den Standpunkt, dass ja alle Bewerber freiwillig zum Casting gehen. Bis zu einem gewissen Grad ist das vielleicht nachvollziehbar, aber kritische Äußerungen der Juroren bei einem Casting sind etwas anderes als krasse Beleidigungen. Auch wer die Sendung kennt, willigt nicht ohne weiteres ein, sich vor einem Millionenpublikum beschimpfen zu lassen. Anfang 2010 machte ein Kandidat beim Auftritt vor Bohlen und Co. von sich reden, der einen dicken nassen Fleck im Schrittbereich seiner Jeans hatte – auch das ging als Aufzeichnung über den Sender. Wer nicht mehr unter der Dusche singen will, sondern vor Millionenpublikum, muss wohl mit allem rechnen.

Während bei der anfänglichen Kandidatenauslese noch die Sympathie der Zuschauer für Auftreten und Gesang der Kandidaten reicht, wird bei den Mottoshows das Drumherum – sprich: das Privatleben – immer wichtiger. Irgendwann taucht vielleicht ein entfernter Cousin des Kandidaten XY auf und plaudert in einem Einspielfilm lustig über sexuelle Vorlieben des Möchtegern-Stars. Alle machen aber mit, alle wollen ja Star werden und ihr bisheriges, oftmals wenig erbauliches Leben hinter sich lassen.

Bei diesen privaten Geschichten geht es vor allem darum, die Show zwischen den einzelnen Ausstrahlungsterminen ständig im Gespräch zu halten. Eine wichtige Rolle hierbei spielt die *Bild*-Zeitung. Offensichtlich gibt es enge Kontakte zwischen RTL und manchen *Bild*-Redakteuren. Medienprofi Roger Schawinski beschreibt das Verhalten in dem erwähnten Interview so: »BILD braucht Geschichten und der Sender liefert sie, indem er im Privatleben der Kandidaten wühlt: ›Hm, sagen Sie mal, hat diese Kandidatin da nicht eine tote Zwillingsschwester?‹ Mit solchen Geschichten, die dann für die Kandidaten sehr unangenehm sein können, kommt man in die Zeitung. Und das wiederum verschafft der Sendung kostenlose Publicity.«[27]

Viele Kandidaten durchschauen das nie, andere erst hinterher. So kommt der Sieger der Sat.1-Show »Star Search« aus dem Jahr 2004, Martin Kesici, zu der Erkenntnis: »Warum tauchten wohl immer wieder so viele Geschichten über Kandidaten auf? Weil es spannend war und die Zuschauer auf Geschichten warteten. Würde es die nicht geben, könnte die Quote sinken.«[28] Für Kesici käme die Teilnahme an einer Castingshow nicht mehr in Frage. Er sieht sein Buch *Sex, Drugs & Castingshows* als Abrechnung und Warnung zugleich. Jungen Leuten, die mit der Teilnahme an einer dieser Shows liebäugeln, rät er im Interview mit *t-online.de* vom 24. September 2009: »Geh nicht hin, wenn du von Herzen Musiker bist und selbst Songs schreibst und geh nicht hin, wenn du reich und berühmt werden willst. Denn das ist nicht so.« Als Künstler fühlt er sich missverstanden und fremdbestimmt: »Aus mir wollte die Plattenfirma einen Schmusesänger machen. Das war aber nicht mein Ding.«

Wer auf eine Staffel »Deutschland sucht den Superstar« zurückblickt, bekommt den Eindruck, als gehe es da hauptsächlich um die Inszenierung von Konflikten im privaten Umfeld der Kandidaten. Auch die Boulevardzeitungen bedienen die Sensationsberichterstattung. Sehr plastisch zeigt sich dies bei Menowin Fröhlich, einem berüchtigten Kandidaten aus der letzten Staffel. Der etwas dickliche junge Mann ist Anfang zwanzig, saß schon mal im Gefängnis und hat drei Kinder mit seiner Cousine. Viel Stoff für lustige Geschichten – und vieles läuft über *Bild*. Am 17. Februar 2010 erfahren wir, abrufbar über *bild.de*, dass Fröhlichs Hartz IV gestrichen wurde. Am 3. März 2010 darf die Mutter von Menowins Kindern (wie erwähnt seine Cousine, das wissen wir aber da noch nicht, das kommt erst später heraus). Sie schmalzt: »Ich liebe Menowin über alles.« Am 8. März 2010 spricht die »Knast-Mama« von Menowin Fröhlich via *Bild* zu uns und verrät, was Menowin zum Showstar macht: »Ich glaube, sein Talent hat er von mir. Ich habe früher auch gesungen, bin aufgetreten.« Am 15. März 2010 berichtet die Zeitung von einer »Massen-Schlägerei« bei einer »privaten DSDS-Party« von Menowin. Am 17. April 2010 heißt es in der Zeitung *B.Z.*, ein »Ex-Groupie« habe unbewiesene Drogengerüchte über Menowin verbreitet. Am 6. Juni 2010 schauen wir uns Menowins Fotoalbum von einem früheren Gefängnisaufenthalt an (Text abrufbar über *bild.de*, aktuell ohne Fotos). Ein paar Tage später erfahren wir, ebenfalls über *bild.de*, dass auch der Bruder des Vize-Superstars Menowin ein Star werden will, bei einer anderen Castingshow. Das ist nur ein kleiner Ausschnitt aus all den wenig bewegenden Geschichtchen, die ausgekramt werden. Der Boulevard verschafft sich selbst damit Auflage (weil alle über die Show DSDS im Fernsehen reden) und RTL Einschaltquote (weil alle wissen wollen, wie der Kandidat nun darauf reagiert, dass er kein Hartz IV mehr bekommt). Alle sind zufrieden, alle machen mit. Auch die Kandidaten, von denen manch einer zu glauben scheint, ins Showgeschäft habe man es geschafft, wenn man Schlagzeile in der *Bild* ist.

Ob die jungen Menschen merken, dass es um sie gar nicht geht und ihre privaten Skandälchen nur der Nährboden für den Erfolg von Zeitungen und Fernsehsendern sind? Der Medienwissenschaftler Bernhard Pörksen und der Linguist Wolfgang Krischke bringen es auf den Punkt: »Das Ziel einer Casting-Show ist eine Casting-Show – nicht die Begünstigung von Talentierten, die nach einer Chance greifen, um endlich in ein neues Leben aufzubrechen.«[29]

Zurück bleiben die Showteilnehmer, über deren Privatleben die Nation nun alles weiß. Sie haben die wochenlange TV-Staffel hinter sich und müssen jetzt mühsam versuchen, in ihr altes Leben zurückzufinden, schließlich hat bisher noch keiner von ihnen musikalisch den großen Durchbruch geschafft, außer vielleicht für eine gewisse Zeit Mark Medlock. Und die wenigsten haben einen festen Job, zu dem sie zurückkehren können. Da ist es sicher nicht hilfreich, dass auch jeder potentielle Arbeitgeber die Konflikte aus dem Privatleben des Betreffenden kennt. Vielen ehemaligen DSDS-Kandidaten bleibt nur, sich weiter als Musiker durchzuboxen – nachdem der eigene Stil im seichten Popsong-Nachsingen bei Bohlen zur Unkenntlichkeit verstümmelt wurde.

Was treibt die Kandidaten in diese Shows? Warum reicht es immer mehr Menschen, zum »Medienprominenten« zu werden, der aufgrund seines öffentlichen Da-Seins bekannt ist und nicht wegen seiner Leistung oder seines Status? Zunächst: Es gibt heute unendlich viele Möglichkeiten, öffentlich stattzufinden. Wer ein Profil in sozialen Netzwerken hat und dort seine private Welt ausstellt, ist schon eine Mini-Celebrity. Wer einen Song einspielt und ihn bei *youtube.com* einstellt, kann mit viel Glück und über Umwege einen Plattenvertrag bekommen oder es gar zu einer gewissen Berühmtheit bringen: Denken wir an den lustigen »DJ Opa«, den der Kameramann Sven Lützenkirchen bei einer Feier gefilmt hatte, als er wild zappelnd und tanzend Musik auflegte. Das Video »DJ der guten Laune« wurde millionenfach abgerufen. Der Mann bekam später einen Werbevertrag bei OBI. Von der Privatfeier zum Werbestar.

Die stärkste Anziehung aber übt das Fernsehen aus, da es von allen Medien die größte Aufmerksamkeit verspricht, schließlich schaut jeder Deutsche im Schnitt täglich dreieinhalb Stunden fern. Es gibt keinen vorgeblich einfacheren Weg, da hineinzukommen, als über die Castingshow. Sicher ist es kein Zufall, dass bei Wettbewerben wie »Deutschland sucht den Superstar« immer wieder Bewerber aus sozial schwierigen Verhältnissen mit eher niedrigem Bildungsniveau die ganz große Rolle spielen. Für sie bietet das Casting die Chance, ihr altes Leben zu verlassen und mit nichts weiter als einer E-Mail-Bewerbung oder einem Vorsingen groß herauszukommen. Das reizt den Hartz IV-Empfänger mehr als einen gleichaltrigen Jurastudenten, der sich aufgrund seiner Ausbildung meist bessere und langfristigere Zukunftschancen im erlernten Beruf ausrechnet als auf der Showbühne.

Die andere Frage ist, warum sich so viele Zuschauer diese Shows ansehen, die weniger von den Talenten als von den privaten Konflikten der Kandidaten leben. Menschen interessieren sich nun einmal am meisten für Menschen, und dabei deutlich mehr für das Schicksal als für die Gesangsqualitäten eines jungen Kandidaten. Eignen sich dessen Verhalten oder dessen Lebensgeschichte dann auch noch dazu, Kopfschütteln, Trauer oder Zorn auszulösen, treiben uns Voyeurismus, Mitleid und die Abgrenzung nach »unten« vor den Fernseher. Nach dem Motto: »So schlecht wie dem geht's mir nicht.«

Am Ende werden die Probanden gerupft wieder »ausgespuckt« und sind im schlechtesten Fall echte Castingshow-Opfer, der Häme ihres persönlichen Umfelds und der ganzen Mediennation ausgesetzt. Es ist die »Inszenierung des Scheiterns, bei der am Ende der Gewinner nur deshalb nicht scheitert, weil er der letzte ist«[30], so der Blogger Sascha Lobo. Im besten Fall kann der Gewinner wenigstens noch ein wenig Prominenz genießen, zu dem Preis, der Plattenindustrie und dem Sender vollständig ausgeliefert zu sein. Martin Kesici beschreibt den Moment nach dem Sieg nüchtern: »Martin Kesici war mit einem Mal Eigentum einer Plattenfirma, die die Option hatte, drei Alben mit ihm zu produzieren. Natürlich hatte ich diesen Wisch damals unterschrieben, aber ich hatte nicht wirklich damit gerechnet, die Show zu gewinnen und somit Sklave einer großen Company zu werden und das machen zu müssen, was die mir anschaffen.«[31] Es ist bezeichnend, dass man kaum einen Castingshow-Sieger kennt, der berühmt wurde, und noch weniger einen, der mit dem Ergebnis wirklich vollkommen glücklich klingt.

Das Gefährliche an diesen Castingshows ist die Überlegenheit der Medien gegenüber den Akteuren. Die Kandidaten haben Hoffnung auf den Sieg und kehren ihr Privatleben nach außen, weil man ihnen vormacht, dass das dazu gehört, um ganz nach oben zu kommen. Dabei geht es von vornherein nur um die Präsentation des Privaten, nach dem das Publikum lechzt, niemals um die Karriere des Sängers. Insofern ist auch der Begriff Show irreführend, soweit er auf etwas Irreales, Fiktionales hinweist. Bernhard Pörksen und Wolfgang Krischke fassen treffend zusammen: »Die Castingshow ist trotz ihrer inszenatorischen Elemente kein fiktionales Genre. Die Kandidaten stehen nicht als Schauspieler, die Theater-Rollen spielen, auf der Bühne, sondern immer auch als sie selbst. (…) Castingshows funktionieren, weil zumindest die Opfer echt sind.«[32]

Dass ein Musikwettbewerb im Fernsehen auch anders aussehen kann, zeigte der Fernsehsender Vox mit dem aus England adaptierten Castingformat »X Factor« im Herbst 2010. Die Sendung war ein guter Quotenerfolg. Vox hat eine zweite Staffel der Show für 2011 angekündigt. Der

Sender verzichtete in der ersten Staffel weitgehend darauf, die Kandidaten mit ihrem Privatleben vorzuführen; es ging ums Singen und wer die beste Show ablieferte. Im Gegensatz zu anderen Castingformaten setzte Vox bei »X Factor« auch kein Höchstalter der Bewerber fest, wenngleich die Seniorenkandidaten nicht sehr weit kamen. Der Wettbewerb der angehenden Künstler stand im Vordergrund. Das Finale der Show sahen 2,91 Millionen Menschen, was in der Zielgruppe der 14- bis 49-Jährigen eine Quote von über 15 Prozent bedeutete. Es geht also: ein Castingformat, das Spaß macht, ohne das Privatleben der Kandidaten auszusaugen.

Reality-Soaps: Das Fernsehen kommt in die Wohnung

Die Nachmittagstalkshow als Medienevent wurde nicht nur durch die Castingshow ersetzt, sondern auch durch Dokutainment-Formate, also Sendungen, die Dokumentarisches mit Unterhaltung verbinden. Die Menschen kommen nun mit ihren privaten Sorgen und Nöten nicht mehr zum Sender, sondern der Sender sucht sie zu Hause auf, in ihrem privaten Umfeld. Formate wie »Raus aus den Schulden«, »Unser neues Zuhause« oder »Die Super-Nanny« waren geboren.

Die privaten Probleme des Nachbarn auf dem Bildschirm: Familienstreit, Alkoholsucht, Partnerschaftsprobleme, Arbeitslosigkeit, Schulprobleme der Kinder – alles seit ewigen Zeiten Tabuthemen – werden zur besten Sendezeit abgehandelt. Nun ist es natürlich eigentlich gut, wenn Tabus zugunsten einer offenen gesellschaftlichen Diskussion fallen, wenn Betroffene erfahren, dass sie mit ihrem Problem nicht alleine sind, und ihnen gezeigt wird, wie sie Hilfe bekommen oder sich selbst helfen können. Das Problem: Diese Formate sind oft gar nicht darauf angelegt, einen offenen Umgang mit schwierigen Themen zu fördern oder auch nur anzustoßen. Zu offensichtlich voyeuristisch sind die Bilder, zu reißerisch die Inszenierungen. Hier werden Familien im Interesse der Einschaltquoten zu Ausstellungsstücken, zu Prototypen sozialer Probleme gemacht.

Bei diesen Dokutainment-Formaten liegen die Erwartungen von Sendern und Protagonisten besonders weit auseinander. Geht es dem Sender vor allem darum, möglichst viele Zuschauer zu unterhalten, brauchen die Menschen, die sich dort bewerben, tatsächlich in vielen Fällen Hilfe, weil sie überschuldet sind, Schwierigkeiten bei der Erziehung ihrer Kinder oder Beziehungsprobleme haben. Die Bewerbung beim Sender liegt häufig näher als der Gang zur Schuldnerberatung, deren Adresse man im Zweifel nicht kennt und gegenüber der man aus Unkenntnis über die Abläufe Berührungsängste hat. Den netten Herrn Zwegat aber kennt man – oder meint man zu kennen.

Interessanterweise sind diese Reality-Shows weitgehend Erfolgsformate der Privaten geblieben. Die Öffentlich-Rechtlichen scheuen sich offenbar noch, die Grenze zum Vulgären, Bloßstellenden und Voyeuristischen zu überschreiten. Voyeurismus ist einer der wichtigsten Gründe für den Erfolg dieser Formate. Wir wollen wissen, wie geht es bei denen zu? Bei unseren echten Nachbarn können wir fast nie am Abendbrottisch lauschen; dafür sind wir hautnah dabei, wenn Schuldnerberater Peter Zwegat den Fernsehnachbarn hilft, mit ihren 200 000 Euro Schulden zurechtzukommen.

RTL-Unterhaltungschef Tom Sänger stellt in diesem Zusammenhang fest: »Neugier, Voyeurismus und Vergleich, das sind drei Faktoren, die in Deutschland, verglichen mit anderen Ländern, eine ganz besonders große Rolle spielen und die Attraktivität dieser Sendungen begründen.«[33]

Was Sänger Vergleich nennt, kann man auch als Abgrenzung bezeichnen, Abgrenzung von denen, die sich da mit ihren Problemen ausstellen. »Ganz so schlimm sind unsere finanziellen Sorgen nicht«, »Mann, zoffen die sich«, oder: »Zum Glück sind unsere Kinder einigermaßen gut erzogen«, mag manch einer denken, wenn die Protagonisten der Doku-Soaps wieder einmal von den Katastrophen des Lebens ereilt werden und Super-Nanny, Verbraucheranwalt oder Schuldnerberater helfen müssen. Sich nach »unten« abzugrenzen schafft Zufriedenheit mit dem eigenen Leben und dem eigenen Status. Dieser Wohlfühleffekt führt dazu, dass solche Formate gerne gesehen werden. Gesellschaftlich unproblematisch ist das nicht: Wer ständig Menschen in sozial schwierigen Verhältnissen als negativ und hilfsbedürftig vorgeführt bekommt, ist eher geneigt, stereotype Vorstellungen zu entwickeln. »Hartz IV-Empfänger – ach, die leben doch alle in asozialen Verhältnissen« und ähnliche Denkmuster können sich breitmachen. Damit verstärken sich letztlich auch die Ausgrenzung in der Gesellschaft und die Abschottung zwischen den Bildungs- und Sozialschichten.

Bedenklich ist zudem, dass es immer jemanden gibt, der sich dafür »ausziehen« muss, und das häufig, ohne sich über die Folgen der vorübergehenden Fernsehprominenz im Klaren zu sein. Dass es einen geben muss, der die öffentliche Therapie macht. Einen, der sich sagen lassen muss, dass er auf die hundert Zigaretten am Tag verzichten soll, um finanziell halbwegs auf einen grünen Zweig zu kommen. Einen, der sein Kind nicht mehr schlagen soll. Einen, der sich für das Traumhaus übernimmt. Und eine, die auf den Strich geht, weil das Geld der Familie sonst nicht reicht.

Ein weiteres Problem der Doku-Soaps ist, dass die Protagonisten im Gegensatz zum Castingshow-Kandidaten nicht aus ihrem »normalen« Leben herausgeholt werden. Wer bei einer Castingshow mitmacht, unternimmt wenigstens einen Ausflug in die Glitzerwelt, die zwar eine Scheinwelt ist, aber trotzdem ein Erlebnis sein kann. Wer dort mitmacht, hat bei der Rückkehr ins »normale« Leben noch einen gewissen Rückzugsraum, nämlich das eigene Zuhause. Der Protagonist der Reality-Show bleibt die ganze Zeit er selber, inmitten seines eigenen, häufig trostlosen Umfelds. Er spielt keine Rolle, muss sich aber trotzdem der gewollten Dramatik des Fernsehens unterwerfen. Das heißt: Er muss einem Klischee entsprechen und »Action« bringen, also Streit mit dem Partner, Raufereien mit dem Jüngsten oder Diskussionen mit dem Sachbearbeiter beim Jobcenter. Glamourfaktor gibt es da keinen.

Der einfache Mensch als Projektionsfläche für die Zuschauer, das kann nicht ewig gutgehen, denn irgendwann muss auch der Letzte merken, dass er bei diesen Formaten öffentlich vorgeführt wird. So ist es kein Wunder, dass sich die Produktionsfirmen der Castingshows vor Bewerbern kaum retten können, während es immer schwieriger wird, Interessenten für Reality-Soaps zu finden. Das bestätigt zum Beispiel Imke Arntjen, die eine Vermittlungsagentur für Protagonisten betreibt: »Welcher einigermaßen intelligente Mensch möchte denn in Reality-Formaten auftauchen, in denen er negativ gezeichnet wird? (...) Deutschland ist nach über zwanzig Jahren Privatfernsehen durchgecastet (...). Und auch die Dummen merken langsam, wie der Hase läuft.«[34]

Eigentlich ein Hoffnungsschimmer: Die Deutschen wollen nicht mehr mit ihrem Privatleben im Fernsehen vorgeführt werden. Und wer schon einmal mitgemacht hat, hat meistens hinterher die Nase voll. So wie Gudrun Langer,[35] eine neununddreißigjährige resolute Frau, die sich vor einigen Jahren entschloss, Kandidatin beim RTL2-Format »Frauentausch« zu werden. Das Format ist trashig, einfach und erfolgreich (bis zu 2,5 Millionen Zuschauer pro Sendung). Zwei Familien tauschen für zehn Tage die Mütter, die dann jeweils den Haushalt der anderen Familie führen müssen. Die Produktionsfirma von »Frauentausch« will uns auf der Internetpräsenz weismachen, sie verbinde damit einen quasi-pädagogischen Anspruch: »Am letzten Tag kommt es zur großen Aussprache: Die Frauen treffen aufeinander und reden Klartext. Gibt es Lob oder hagelt es Kritik? Wie verläuft das Wiedersehen der ›alten‹ Familie?« Die Wahrheit ist, dass das Programm in erster Linie Konflikte schürt, die vor der Kamera ausgetragen werden müssen, damit die Zuschauer auf ihre Kosten kommen. Das eigentlich putzige Format ist keine Ratgeber- und Hilfesendung, sondern in erster Linie Krawallunterhaltung mit Laiendarstellern.

Das Konzept funktioniert natürlich am besten, wenn bei den gecasteten Familien Welten aufeinanderprallen. Denkbar beispielsweise: Punkerin tauscht mit Spießerfamilienmutti, Frau vom Land muss in die Großstadt und umgekehrt. Konflikte sind vorprogrammiert und erwünscht. Je lauter die Kinder schreien, die Männer herumbrüllen und die getauschten Frauen weinen, desto besser für die Quote. Der *Spiegel* berichtete im Oktober 2009, dass eine Familie nach der Sendung unter Polizeischutz gestellt werden musste. Ein Familienvater aus der ostdeutschen Provinz schrie die Tauschmutter aus dem Westen an, weil sie ein Frühstücksbrettchen kaputtgemacht hatte. Sowohl die Familie als auch der Wohnort kamen in der Sendung ganz schlecht weg – eine ostdeutsche Proll-Familie in abbruchreifer Gegend. Die Bewohner des Ortes gifteten danach nicht etwa gegen den Sender, sondern gegen die einheimische Familie: Frühstücksbrettchen lagen auf einmal im Briefkasten, Eier flogen gegen die Hausfassade. So berichtet es der *Spiegel*. Ob es sich so abgespielt hat, wissen wir nicht. All dies bekam natürlich kein »Frauentausch«-Zuschauer zu sehen.

Nicht wenige Teilnehmer üben massive Kritik am Sender. So auch Werner P.,[36] der sich mit Freundin und Kind bei »Frauentausch« bewarb, um öffentlich zu zeigen, dass man eine harmonische Familie ist. Möglicherweise eine etwas naive Vorstellung, doch sie belegt, dass die Protagonisten derartiger Sendungen meist gar nicht mit dem Wunsch antreten, berühmt zu werden. Viele suchen wirklich Hilfe, andere wollen frischen Wind in ihr Leben bringen oder einfach eine Art Dokumentation ihrer Familie. Als Erinnerung für die Heim-Videothek. Doch bei »Frauentausch« kommt man mit Harmonie und Liebe nicht weit. Die Folge mit Werner P. wurde von RTL 2 angekündigt mit den Worten: »Zerrüttete Jung-Familie aus dem Norden tauscht mit Glückspilz-Clan aus dem Taunus.« Zerrüttet, das bezog sich auf P. und seine Freundin Melanie. Der Schwarze Peter fiel dabei dem Familienvater zu. Der Off-Kommentar im Film lautete: »Und hier ist die Ursache allen Übels: der arbeitslose Werner, achtunddreißig.« Im Rückblick sagte Werner P. dem NDR-Medienmagazin »Zapp«: »Ich mache dem Sender zum Vorwurf, dass er um dieser Produktion willen bewusst Konflikte schürt, dass er Menschen an emotionale Grenzen bringt, ohne zu wissen oder daran zu denken, welche Folgen es für diese Menschen hat.«[37] Eine späte Erkenntnis. Ganz normale Menschen, vorgeführt von einem Sender, ausgenutzt, weil man einmal im Fernsehen zeigen wollte, wie man wirklich ist. Doch an der Wirklichkeit haben die Sender wenig Interesse: Rund um das Privatleben der Protagonisten wird in diesen Reality-Shows eine Inszenierung entwickelt, für die sie nur die Hülle abgeben. Der Sender benutzt das Privatleben der Kandidaten als Stoff und macht damit, was er will.

In dieses zweifelhafte Umfeld begab sich also auch Gudrun Langer. Ihre Geschichte schlug ein und führte zu hervorragenden Quoten. Ein Grund wohl: die für Frauentausch ungewöhnliche Konstellation. Gudrun ist lesbisch und wohnte damals mit ihrer elfjährigen Tochter und ihrer Freundin zusammen. Sie liebt Motorradfahren und ist flippig genug fürs Privatfernsehen. Ihre Tauschpartnerin war eine Alleskönner-Mutter und Familienmanagerin aus Bayern. Mit der Erstausstrahlung konnte Gudrun Langer noch leben, wie sie im Gespräch mit einem der Autoren dieses Buches erzählt: »Da kamen ja durchaus auch positive Reaktionen, wenngleich ich schon damals als ›Lesbe‹ angefeindet wurde.« Was sie nicht einkalkuliert hatte, waren die im Fernsehen so beliebten Wiederholungen. Seit 2004 lief die Sendung noch etliche Male auf RTL 2 – und das hatte Folgen: »Meine Tochter ging mittlerweile auf eine andere Schule und ist nun schon fast achtzehn. Da hat man natürlich andere Freunde und ist in einer ganz anderen Entwicklung als mit elf. Es war schrecklich, wie meine Tochter angefeindet und gehänselt wurde, wie sie überhaupt eine lesbische Mutter haben könne. Wir wussten nicht mehr weiter.« Viele Betroffene hätten an diesem Punkt aufgegeben, doch Gudrun Langer scheute den Weg zum Anwalt, einem der beiden Autoren dieses Buches, nicht. Nach einem Briefwechsel mit der Produktionsfirma sind Gudrun Langer keine neuen Ausstrahlungen mehr bekannt geworden. Wenngleich sich die Produktion darauf beruft, nach dem Vertrag Wiederholungen ausstrahlen zu dürfen. Ein Passus, den Gudrun Langer in ihren Unterlagen nicht finden kann. Doch die meisten Protagonisten fühlen sich dem übermächtigen Sender ausgeliefert. Einmal öffentlich, immer öffentlich.

Eine Folge der schrillen Vorführung unbedarfter Privatpersonen ist, dass es mittlerweile Menschen gibt, die professionell ihre Dienste als Protagonist in Reality-Shows anbieten. Deutschlands wohl bekannteste Doku-Soap-Familie stammt aus Bad Segeberg und heißt Birkhahn. Mama, Papa und drei minderjährige Kinder – jede Menge Stoff für die Fernsehmacher. Die Birkhahns waren schon vieles: Familie mit schwierigem Sohn bei der »Super-Nanny«, Abnehmfamilie bei »Deutschland, deine Dicken« und Problemfamilie bei »We are Family«. Ein frappierendes Geschäftskonzept: Biete Privatsphäre, suche Sendung. Der Lohn fürs »Ausziehen«: eine sogenannte Aufwandsentschädigung, über deren Höhe die

Birkhahns schweigen. Für die Auftritte 2008 sei aber ein Familienurlaub in der Türkei drin gewesen, sagt Natascha Birkhahn in einem Interview.[38] Menschen wie Natascha Birkhahn geben meist an, in die Fernsehwelt mehr oder weniger hineingerutscht zu sein. Man will wissen, »wie es beim Fernsehen so zugeht«, und meldet sich für ein Casting an. Fast klingt es, als sei die Ausstellung des Privatlebens eine willkommene Abwechslung zum Alltag.

Zigfach wurde die Familie Birkhahn über eine Agentur gebucht, und Mutter Natascha berichtet in besagtem Interview stolz: »Alles, was über uns im Fernsehen zu sehen war, entsprach zumindest teilweise der Realität.«[39] Bei »solchen Sachen, die zu sehr in die Tiefe gehen, solchen Psycho-Sendungen«[40] würden die Birkhahns allerdings nicht mitmachen. Vielleicht ist diese Haltung wegweisend für ein künftiges Verständnis von Privatsphäre. Es mag überraschend klingen, aber auch eine Familie, die Geld damit verdient, ihr Privatleben öffentlich zu machen, beruft sich auf den Schutz des Privaten: Die Dreharbeiten seien anstrengend, »das alles ist schließlich ein massiver Eingriff in die Privatsphäre«. Dass man den selbst gewählt hat und dafür auch noch Geld bekommt, gerät leicht in Vergessenheit.

Bei aller Kritik an den diversen Reality-Formaten soll nicht verschwiegen werden, dass manche sogar einen gewissen Nutzen haben können. Wenn beispielsweise Zuschauer von »Raus aus den Schulden« durch einen dort geschilderten Fall erstmals zu der Erkenntnis gelangen, dass sie selbst ein Schuldenproblem haben und dann zum Beispiel eine Schuldnerberatung aufsuchen, ist das natürlich gut. Die Sendung ist sicher besser geeignet, für den Umgang mit finanziellen Problemen zu sensibilisieren, als eine Anzeige der lokalen Schuldnerberatungsstellen im kostenlosen Wochenblättchen, denn diese Kleinanzeigen werden meist gar nicht gelesen. Und wenn eine Familie von der »Super-Nanny« angeregt wird, ein Erziehungsproblem in die Hand zu nehmen und sich bei einer Beratungsstelle Hilfe zu holen, ist manches erreicht. Trotzdem bleiben diese Formate problematisch, denn erstens vereinfachen sie stark. In fünfundvierzig Minuten Sendezeit macht auch der nette Herr Zwegat die Schulden nicht weg. Zweitens ist fraglich, ob es in jedem Fall eine ausreichende Nachbetreuung gibt, was aber eine wichtige Voraussetzung wäre, um die gezeigten Fälle zu einem guten Ende zu bringen. Denn ob sich das finanzielle Dilemma des Schuldners durch drastische Sparmaßnahmen oder doch eher durch eine Umschuldung lösen lässt, klärt sich nicht in ein paar Drehtagen. Und drittens bleibt es dabei: Völlig unbedarfte Privatleute kehren hier ihr Innerstes nach außen, ohne wirklich absehen zu können, worauf sie sich einlassen. Schon gar nicht können das deren Kinder, die nicht einmal gefragt werden, ob sie dabei sein wollen.

Zu wenig Kandidaten: Die Realität wird jetzt nachgestellt

Und eine weitere Folge des Reality-Überdrusses: Wenn es keine Bewerber mehr aus dem richtigen Leben gibt, spielt man die Realität eben nach. Scripted Reality, also inszenierte oder nachgestellte Wirklichkeit, feiert in den letzten Jahren einen wahren Siegeszug im deutschen Privatfernsehen. Die Sender engagieren Laiendarsteller, die so tun, als würden sie in realen Situationen gefilmt.

»X-Diaries« heißt ein solches Format beim Trash-Sender RTL 2. Junge Darsteller spielen junge Menschen, die scheinbar bei ihren Ferienerlebnissen mit Freunden gefilmt werden. Mit den üblichen Szenarien wie Urlaubsflirts, Trinkgelage und ähnlichem. Nur: Es ist eben keine reale Situation, sondern eine vom Sender durchkomponierte Imitation der Realität. Unabhängig von diesem Format gilt für derartige Shows: Der Zuschauer weiß häufig nicht, dass es sich um gestellte Szenen handelt, denn gescriptete Soaps werden selten als solche ausgewiesen, und wenn, dann zumeist kaum bemerkbar im Abspann. Er kann es allerdings ahnen, wenn er ein bisschen kritisch fernsieht, denn anscheinend ist es unglaublich schwer, Realität täuschend echt zu spielen. Die Laiendarsteller sind dazu jedenfalls meist nicht in der Lage.

Natürlich spielten bei der Entstehung dieser neuen Formate auch finanzielle Erwägungen eine Rolle: Für die Sender ist es viel billiger, Scripted Reality herstellen zu lassen, als die Kamera im wirklichen Leben draufzuhalten. Was, wenn sich die zum ersten Mal alleine verreisenden Teenager in den Ferien einfach gut verstehen und der ganz große Krach ausbleibt? Tausende von Euro Produktionskosten wären in den Sand gesetzt; da nimmt man doch lieber die Laiendarsteller und legt selbst fest, wann der Streit eskaliert. Hier zählt Effizienz – so ähnlich wie in der Schinkenindustrie, die auf das häufig unförmige Stück Schweinekeule verzichtet und lieber aus Fleischfetzen künstlich zusammengepappten Formfleischvorderschinken presst. Sowohl bei der Fernsehmassenware als auch bei dem Lebensmittel weiß der Konsument meist nicht, was wirklich drin ist. Ob es die Zielgruppe dieser Shows stört? Fraglich. Fest steht nur, dass die Ausbeutung des Privaten im Fernsehen eine neue Industrialisierungsstufe erreicht hat.

Die nachgestellten Formate bringen den Privatsendern ungeahnte Quotenerfolge. Solche Produktionen verschaffen den Sendern gelegentlich Marktanteile von 25 Prozent und mehr in der für die Werbung wichtigen Zielgruppe der 14- bis 49-Jährigen. Kein Wunder, dass man auch bei den öffentlich-rechtlichen Sendern beginnt, sich für diese umstrittenen Billigproduktionen zu interessieren. Die *Süddeutsche Zeitung* berichtete im Oktober 2010 über ein beim NDR entstandenes internes Papier mit dem Titel »Scripted Reality – eine Chance für den NDR?«. Die Autoren des Papiers hätten sogar schon Kontakt zu Produktionsfirmen solcher Formate aufgenommen. Auch über die Strickmuster dieser Shows hätten sich die öffentlich-rechtlichen Vordenker bereits Gedanken gemacht: »Zu stark von der Wirklichkeit abweichende Geschichten werden vom Zuschauer nicht akzeptiert. Der Zuschauer muss denken, so oder so ähnlich hätte das wirklich passieren können.«[41] Nach dem Motto: Jeder Anwalt oder Dorfpolizist erlebt im Laufe der Jahre so viele spannende Geschichten, bei denen aber natürlich keine Kamera dabei ist. Diese Geschichten könne man doch nachspielen.

Nach Protesten von Dokumentarfilmern gab es vorerst ein klares Dementi der ARD zu solchen Produktionen. ARD-Programmchef Volker Herres ließ via *Hamburger Abendblatt* vom 19. Oktober 2010 mitteilen, dass es sich von selbst verstehe, dass »diese Sorte vermeintlicher Realität, von Laienschauspielern grottenschlecht dargestellt, mit unserem Programmauftrag definitiv nicht zu verbinden ist«. Immerhin. Aber man erinnert sich dunkel, dass man bei den Öffentlich-Rechtlichen zunächst auch tägliche Talkshows nicht so toll fand – bis man dann später doch »Jürgen Fliege« ins Programm nahm, den Pfarrer, der mit pastoralem Habitus und verständnisvoller Miene mit seinen Gästen unter anderem über Wunderheiler sprechen durfte.

Der »Katzenberger-Effekt«

Eine, die verstanden hat, worauf sie sich einlässt, ist Daniela Katzenberger, genannt »Katze«. Der Name sagt Ihnen nichts? Das Phänomen ist schnell erklärt: Daniela Katzenberger ist wasserstoffblond, Mitte zwanzig und – wie Wikipedia schmucklos zusammenfasst – »eine deutsche Reality-TV-Teilnehmerin, Gastronomin, Sängerin und ein Gelegenheits-Model«. In der Vox-Reality-Show »Auf und davon – Mein Auslandstagebuch« hat sie versucht, *Playboy*-Gründer Hugh Hefner kennenzulernen, um ihn von sich zu begeistern. Mittlerweile betreibt sie auf Mallorca ein Café, hat eine Coverversion eines Samantha-Fox-Hits aus den Achtzigern aufgenommen, spricht Pfälzisch und hat im Juli 2011 über 600000 Fans bei Facebook (zum Vergleich: Bastian Schweinsteiger hat 32000 Fans). Außerdem hat sie mittlerweile eine eigene Reality-Show bei Vox (»Daniela Katzenberger – natürlich blond«) und bekam einen Werbevertrag mit einer

Telefonauskunft. Daniela Katzenberger ist ohne Zweifel die legitime Nachfolgerin des Neunziger-Jahre-Phänomens Verona Feldbusch. Bei der attraktiven Halb-Bolivianerin wusste man auch nie so richtig, worin eigentlich ihre Begabung bestand. Auf einmal war sie in allen möglichen Medien präsent und gehörte – nach zahlreichen Interviews über Mode, ihrer Trennung von Dieter Bohlen sowie verschiedenen Fotoshootings – zum Inventar der Fernsehrepublik. Mancher sprach sogar davon, Verona sei »Kult«. Ähnlich läuft es bei Frau Katzenberger.

Das Fernsehen vermag heute aus Reality-Formaten Medienprominente zu erschaffen, die wegen nichts anderem bekannt sind als dafür, dass sie »da« sind. Interessant ist, dass auf Frau Katzenbergers Facebook-Fanseite vor allem ihre »Natürlichkeit« gelobt wird, obwohl sie mit ihren auftätowierten, viel zu hohen Augenbrauen und ihrem starken Make-up eigentlich meilenweit davon entfernt ist, natürlich zu wirken.

Der Medienjournalist Bernd Gäbler spricht am 20. August 2010 auf *stern.de* vom »Katzenberger-Effekt« und sagt: »Diese Figur wurde nicht zur Identifikation geschaffen, sondern damit sie betrachtet und beurteilt wird, der Zuschauer sich womöglich sogar leicht von ihr abgrenzen kann.« Die Menschen bewegt eine Mischung aus Sympathie, Fremdschämen und Ablehnung. Sie mögen es offenbar, wenn die »Katze« ihr Leben vor ihnen ausbreitet, auch wenn sie selber sich nie so öffentlich zeigen würden. Sie finden es witzig, wenn sie fragt, ob »Alter Ego« eigentlich ein Mann sei. Vielen erscheint das sympathisch, weil sie die Situation, etwas nicht genau zu wissen, gut kennen.

Genauso kann der stinklangweilige Alltag völlig unbekannter Personen eine ganze Reihe von Fernsehsendungen wert sein, wie der Medienaufstieg von Konny Reimann zeigt. Reimann ist »Deutschlands bekanntester Auswanderer« oder, laut *Hamburger Abendblatt*, der »Kult-Auswanderer«. Die Familie des resoluten Hamburgers zog vor einigen Jahren nach Texas und wurde damals von Vox für die Sendung »Goodbye Deutschland! Die Auswanderer« gefilmt. Die Zuschauer fanden die Familie so toll, dass in »Goodbye Deutschland!« immer mal wieder über die Reimanns berichtet wird. Geschickt hat die Familie das Medienspiel für sich genutzt. Familienoberhaupt Konny hat drei Bücher geschrieben und vertreibt aus Texas Grill-Sauce und Fan-T-Shirts. Zitat von der Homepage: »Ein Autogramm liegt jeder Bestellung bei!«.

Katzenberger und Reimann – da haben es zwei geschafft, den kurzen Medienruhm für sich zu nutzen. Die meisten Reality- und Castingshow-Teilnehmer hingegen bleiben mit ihrem kleinen Leben Wegwerfmaterial der Sender. Katzenberger und Reimann sind seltene Ausnahmen, und um ihr Semi-Prominentenleben muss man sie auch nicht beneiden. Frau Katzenberger bleibt ja nur so lange interessant, wie sie mit immer verrückteren Wendungen aus ihrem Leben die Medienmaschinerie füttert. Gleiches gilt für Konny Reimann in Texas. Die beiden bleiben Gefangene der Wünsche der Medienindustrie.

Und vor allem: Sie sind gefährliche Vorbilder. Es dürfte eine ganze Menge Jugendliche geben, die Katzenberger & Co. als leuchtende Beispiele dafür ansehen, dass Anerkennung und Erfolg über die Teilnahme an einer Reality- oder Castingshow schneller erreicht werden als über eine Berufsausbildung oder gar ein Studium. Jugendliche beobachten die Welt immer häufiger vor allem als Medienwelt, in der nur stattfindet, wer eine eigene Internetseite oder zumindest ein eigenes Profil in einem sozialen Netzwerk hat. Eine Medienwelt, in der beliebt ist, wer zweitausend Facebook-»Freunde« hat, und in der als Star gilt, wer aus einer Reality-Show als eigene Marke hervorgeht.

Überholen, ohne einzuholen: Trash bei ARD und ZDF

Es wäre ein Irrglaube anzunehmen, die Ausbeutung des Privaten sei eine Domäne der Privatsender im deutschen Fernsehen. Im Gegenteil, ARD und ZDF mischen kräftig mit, und was dort läuft, ist häufig noch fragwürdiger als die Formate von RTL oder Pro Sieben. Schließlich schreiben sich die Öffentlich-Rechtlichen den Bildungs- und Grundversorgungsauftrag auf die Fahnen, mit denen zurzeit 17,98 Euro Rundfunkgebühren im Monat gerechtfertigt werden.

Dabei ist nicht der Sündenfall der ARD gemeint, der sich verorten lässt auf den 24. Februar 2004. Damals verlas der Sprecher in der 20-Uhr-Ausgabe der »Tagesschau« eine Meldung über den Autounfall eines ehemaligen Teilnehmers der Castingshow »Deutschland sucht den Superstar«: »Der Sänger und Medienstar Daniel Küblböck ist bei einem Verkehrsunfall in Niederbayern verletzt worden.« Niemand wurde schwer verletzt, niemand starb – und dennoch sahen wir das Bild dieses bestenfalls C-Prominenten mit der Kieksstimme im ARD-Nachrichtenflaggschiff. Sogar die Unfallstelle wurde gezeigt, zwischen Politik, Wirtschaftsgeschehen und Wetter. Ein ziemlich plumper Versuch, junge Zuschauer für die »Tagesschau« zu begeistern. Anbiederung statt Relevanz. Meistens widerstehen die Nachrichtenmacher von der »Tagesschau« dieser Versuchung allerdings und verzichten auf Meldungen aus dem Sensationsjournalismus ohne greifbare Relevanz für den Zuschauer.

Gemeint ist vielmehr das Trash-TV im Öffentlich-Rechtlichen, in dem gilt: Es geht noch sensationslüsterner als bei den Privaten. Zwei Formate gibt es im Ersten und Zweiten, die unter Experten als die Boulevardsendungen mit den meisten Eingriffen in das Privatleben von unprominenten Personen angesehen werden: »Brisant« in der ARD und »Hallo Deutschland« im ZDF. Billig gemachtes Vorabendprogramm, das an manchen Tagen im Wesentlichen aus drei Komponenten besteht: Unfällen, Verbrechen sowie Gerichtsverhandlungen über Unfälle und Verbrechen. Im Zuge der Recherchen zu diesem Buch haben wir uns eine gute Woche lang im Jahr 2010 die beiden Sendungen angeschaut: ein Gruselkabinett.

Die Formate sind im Grunde komplett gleich gestrickt: Gezeigt wird nahezu werktäglich das abscheulichste Verbrechen, der spektakulärste Unfall und der meistgesuchte mutmaßliche Mörder – und dann halten die Videoreporter die Kamera drauf, auf Tragen, mit denen Verunfallte zum Rettungswagen geschoben werden, oder auf Opfer von Straftaten, die vor Gericht aussagen müssen. Fast jede Sendung in besagter Woche verlief bei beiden Formaten ähnlich. Aufmacher: ein gesuchter Sextäter, dann eine Autobahnkarambolage, Geschichten aus dem Privatleben unbekannter Leute und Abmoderation. Vielleicht der erschreckendste Beitrag, gesehen in »Hallo Deutschland«: Eine Dreizehnjährige (!) reißt mit ihrem dreiundzwanzigjährigen Freund von zu Hause aus und ist zwei Wochen verschwunden. Offenbar schwierige soziale Verhältnisse, was wir natürlich wissen, denn das ZDF ist bei der Heimkehr der verlorenen Tochter dabei. Die Eltern geben in der Küche ausführlich Auskunft zur Gefühlslage: »Ich hatte als Mutter einen Eisblock im Herzen sitzen; der ist ganz ad hoc geschmolzen.« Der Vater sitzt nickend daneben. Als wäre das nicht genug, darf auch die Tochter ins Bild. Wir sehen, wie sie ihrem Freund Briefe ins Gefängnis schreibt. Sie macht ihren Eltern schwere Vorwürfe. Zum Schluss sehen wir Mutter und Tochter vor der Tür bei einer gezwungen wirkenden Umarmung. Müsste nicht der Vertreter eines öffentlich-rechtlichen Senders, den wir bezahlen, hier vor Scham im Erdboden versinken? Müsste er nicht eine Dreizehnjährige, die womöglich gerade Opfer einer Kindesentziehung und damit einer Straftat geworden ist und deren Privatleben niemanden etwas angeht, vor sich selbst und ihren Eltern schützen? Auch wenn die vielleicht aus Unwissenheit und Überforderung den Dreharbeiten zugestimmt haben?

Von der wiedergefundenen Tochter geht es zum Autounfall bei Delmenhorst. Wir sehen einen Verletzten auf einer Trage, wie er, aus seinem Wrack befreit, zum Rettungswagen verbracht wird. Auch der Hubschrauber-Unfall des DSDS-Sternchens Anna-Maria Zimmermann darf nicht fehlen. Wir sehen das Wrack und Helfer, die ein blutüberströmtes Opfer vom Absturzort wegführen, und zwar über mehrere Sekunden.

Schnell weiter zu Martina M.[42], die in Thüringen von ihrem eigenen Rottweiler totgebissen wurde. Überflüssig zu sagen, dass wir ein nahezu unverpixeltes Foto der Frau zu sehen bekommen, das Grundstück mit dem Zwinger des Hundes abgefilmt wird und die Nachbarin unter Tränen ihre Erschütterung ausdrücken darf. Nur von der Familie der Verstorbenen ist nichts zu sehen. Vielleicht wollten die einfach nicht dabei sein und ihr Privatleben für sich behalten?

Einen Toten hat auch Fernsehstar Joachim Fuchsberger in jenen Tagen zu beklagen: Sein dreiundfünfzigjähriger Sohn Thomas ist in einem Bach ertrunken, womöglich ein tragischer Unfall. Für »Brisant« von der ARD (immerhin einmal Fuchsbergers »Haussender«) ein Anlass, den von Trauer gebeugten Vater zu zeigen. »Schöne Bilder«, sagt man in den Redaktionen zu so etwas. Und nicht einmal verboten, denn der frühere Showmoderator hat der *Bild*-Zeitung schon zuvor ein Interview zum Tod des Sohnes gegeben und damit seine Trauer öffentlich gemacht. Wer den gebrochenen alten Mann sieht, wie er am Unglücksort mit zittriger Stimme in die Runde sagt: »Ich versuche halt immer noch schlüssig zu erfahren, in welchem Zustand mein Sohn war«, spürt aber, wie wenig er ganz offenbar in der Lage ist, sich die Medien vom Leib zu halten. Dabei wäre das faktisch und juristisch möglich gewesen, wenn er von Anfang an strikt deutlich gemacht hätte, gegebenenfalls über einen Anwalt, dass die Familie keine Interviews gibt und in Ruhe gelassen werden möchte. Gerade Trauernde verschwenden aber in den ersten Stunden und Tagen nach dem Todesfall aus nachvollziehbaren Gründen oft keinen Gedanken daran, wie man am besten mit dem Medieninteresse umgeht. Gut in Erinnerung ist zum Beispiel auch, mit wie wenig Respekt die Kameras am 1. November 2010 Altbundeskanzler

Helmut Schmidt einfingen, als er bei der Trauerfeier für seine Frau Loki in der Hamburger Michaeliskirche sein Gesicht vor Schmerz in den Händen vergrub. Quälend groß erschien der alte, vor Gram gebeugte Mann auf dem Bildschirm. Es ist nicht anzunehmen, dass die Familie von Helmut Schmidt die Medien vorab aufgefordert hatte, auf Großaufnahmen zu verzichten. Wahrscheinlich hatte man an so etwas gar nicht gedacht.

Anschließend Mord und Totschlag in Oberursel: Nachts hat der Stiefsohn mutmaßlich den Vater getötet. Der Videoreporter ist offenbar Minuten nach der Tat vor Ort, denn wir dürfen durch das Seitenfenster des Notarztwagens mit ansehen, wie die Retter hantieren. Auch beim Abtransport der Leiche sind wir dabei. Gerade recht kam den Fernsehmachern offenbar, dass der Ermordete gelegentlich als Tierarzt in TV-Sendungen zu sehen war. »Hallo Deutschland« erlaubte sich also, den Getöteten mit vollem Namen zu nennen und in ein paar alten Videoschnipseln zu zeigen. »Öffentliches Informationsinteresse« heißt das dann, wenn sich jemand beschweren sollte. Dabei spricht vieles dafür, dass der Tierarzt trotz seiner Fernsehauftritte bei weitem nicht prominent genug war, um ihn und seine Familie bei dieser Tragödie aus der Anonymität reißen zu dürfen.

Dies sind nur die »Highlights« aus einer Woche »Brisant« und »Hallo Deutschland«. Derart krass aufgemachte Geschichten liefern die Krawallmacher von RTL in »Explosiv«, dem Prototyp des Boulevardmagazins, eher selten. Die Sendung berichtet inzwischen öfters über Verbraucherthemen und mehr oder weniger skurrile Erscheinungen, wie: »Wenn Dicke shoppen gehen«, eine Frau, die Bratpfannen verbiegt, oder Mütter als Langzeitstillerinnen. Auch dort verzichten Menschen, über die berichtet wird, natürlich teilweise auf den Schutz ihrer Privatsphäre, aber in vielen Fällen handelt es sich nicht um Mord, Totschlag, Unfälle oder Gerichtsverhandlungen in Strafsachen, bei denen hilflose Opfer vorgeführt werden. Insofern dürften die Folgen für die Betroffenen nicht ganz so gravierend sein.

Die Quoten von »Explosiv« sind prächtig. Man kann Boulevardfernsehen also auch machen, ohne jede Scham zu verlieren und die Rechte Unbescholtener zu verletzen, wie es bei »Hallo Deutschland« und »Brisant« zu beobachten ist.

Das Internet – Ausstellungsvitrine des Privaten

Hass im Netz

Es hat lange gedauert, bis eine breitere Öffentlichkeit in Deutschland Notiz von den Schattenseiten der totalen Kommunikation im Internet genommen und erkannt hat, welch dramatische Folgen die ungewollte Vorführung eines Menschen im World Wide Web haben kann. Vielen hat wohl der 21. März 2011 die Augen geöffnet, der Tag, an dem – wie im Vorwort geschildert – ein Siebzehnjähriger in Berlin von einer Horde Jugendlicher brutal zusammengeschlagen wurde, nachdem er eine Gruppe Mädchen zur Rede stellen wollte, die seine Freundin im Internet beleidigt hatten. Ort der virtuellen Pöbeleien war die Seite *isharegossip.com*, was übersetzt so viel heißt wie: »Ich streue Gerüchte.« Im Frühjahr 2011 mussten, ebenfalls in Berlin, zwei Gymnasien für einen Tag schließen, nachdem jemand auf dieser Plattform Amokdrohungen gepostet hatte. Einen Amoklauf gab es glücklicherweise nicht; Schüler, Eltern, Lehrer und Sicherheitsbehörden waren aber alarmiert. Die Internetseite blieb auch nach der Prügelei in Berlin-Wedding noch eine Weile online, bis sie im Juni 2011, offenbar von Hackern, lahmgelegt wurde. Letztlich spielt es aber keine große Rolle, auf welcher Seite derartige Schmähungen stattfinden, denn der Ort kann im Netz jederzeit wechseln. Geht die eine

Seite offline, wenden sich die Nutzer einer anderen zu. Die neue Adresse ist schnell per Chat, E-Mail oder über ein soziales Netzwerk ausgetauscht.

Das Beispiel *isharegossip.com* zeigt, wie einfach es ist, im Internet anonyme Beleidigungen und üble Nachrede weltweit öffentlich zu machen und damit die Persönlichkeitsrechte der Angegriffenen massiv zu verletzen. Und es belegt, wie machtlos staatliche Stellen sind, wenn derartige Seiten nur geschickt genug die Identität ihrer Betreiber verbergen. So wurde im Impressum von *isharegossip.com* ein Unternehmen im lettischen Riga angegeben, was die Erreichbarkeit für deutsche Strafverfolgungsbehörden naturgemäß erschwert. Zwar müssen alle Internetseiten bei einer Registrierungsstelle angemeldet sein und einen Inhaber benennen, doch die Macher der Pöbelseite verstecken sich hinter einem externen Dienstleister, der als Domain-Inhaber registriert ist und dessen Geschäftszweck unter anderem darin besteht, die wahren Inhaber zu verschleiern.

Im Frühjahr 2011 waren allein bei der Staatsanwaltschaft Frankfurt mehrere Dutzend Strafanzeigen wegen Beleidigung und anderer strafrechtlicher Tatbestände gegen die Betreiber von *isharegossip.com* anhängig. Der dort tätige Oberstaatsanwalt Günter Wittig machte den Opfern aber wenig Hoffnung: Der mutmaßliche Täter gehe konspirativ vor und habe alles auf Verschleierung angelegt. »Man braucht einen langen Atem«, zitierte *Spiegel Online* den Oberstaatsanwalt am 23. März 2011.

Da *isharegossip.com* angeblich eine Technik verwendet hat, die die IP-Adressen (so etwas wie die Anschrift des Rechners, von dem aus die Beiträge geschickt werden) für Dritte unsichtbar macht, werden Staatsanwälte die Anschlüsse der Jugendlichen, die sich abfällig über Mitschüler oder Lehrer äußern, kaum ermitteln können. Das einzig Positive: Die Bundesprüfstelle für jugendgefährdende Medien hat die Internetseite mittlerweile auf den Index gesetzt, so dass sie über Google und andere Suchmaschinen nicht mehr zu finden ist. Wer die Seite allerdings direkt anwählte, kam weiterhin auf die bestürzenden Inhalte – bis zu dem Moment im Juni 2011, als offenbar Hacker sie lahmlegten.

Das größte Problem an derartigen Seiten ist ihre Breitenwirkung. Zwar hat es Diffamierungen unter Schülern, gehässige Gerüchte darüber, wer welche Vorlieben oder körperlichen Eigenheiten hat, und ähnliche Ausfälle schon früher gegeben. Nur: Damals landete so etwas an den Wänden des Schulklos – und irgendwann kam der Hausmeister oder eine damit betraute Klasse und entfernte die Schmierereien wieder. Genau das geht bei der weltweiten Verbreitung derartiger Schmähungen über das Internet nicht mehr. Niemand wischt den Unrat weg, und jeder kann mitlesen, nicht nur der Toilettenbesucher. Dieser Unterschied wird uns Internetnutzern erst ganz allmählich bewusst. Der Fall des verprügelten Schülers zeigt eindringlich, welche negativen Folgen es haben kann, wenn persönliche Auseinandersetzungen nicht mehr auf dem Schulhof ausgetragen werden, sondern auf Internet-Plattformen, die zum Pöbeln einladen.

Die mittels einer Schmähkampagne im Internet beigebrachten seelischen Verletzungen können über Jahre fortwirken, insbesondere dann, wenn die Rechtsverletzungen nicht aus dem Netz verbannt werden können, sondern beispielsweise bei Aufruf des Namens der betreffenden Person noch über Jahre auf den ersten Google-

Suchergebnisseiten zu finden sind. Dies ist kein Schreckensszenario, sondern Realität. Bezeichnenderweise sah sich auch der Vorsitzende Richter im Verfahren gegen Jörg Kachelmann veranlasst, die Rolle der Meinungsmache im Internet zu kritisieren. In der mündlichen Urteilsbegründung führte Richter Michael Seidling aus: »Die Meinungsfreiheit ist ein hohes Gut. Aber auch sie kennt Grenzen. Diese Grenzen existieren offensichtlich im Internet nicht. Vorwiegend hinter der Fassade der Anonymität wurden im Verlauf des Verfahrens in den Meinungsforen, Blogs und Kommentaren im Internet die Persönlichkeitsrechte des Angeklagten, der Nebenklägerin, aber auch des Gerichts und der Verfahrensbeteiligten immer wieder mit Füßen getreten, ohne dass die Möglichkeit bestanden hätte, sich dagegen in irgendeiner Weise effektiv zur Wehr zu setzen.«[43] Und diese Möglichkeit gibt es auch für die Zukunft nicht. Es existiert – jedenfalls bis jetzt – kein Radiergummi für das Internet. Was dort steht, bleibt.

Das ewige Gedächtnis als Verhängnis

Probleme mit dem Netz entstehen nicht nur, wenn Dritte Unwahrheiten über uns verbreiten oder Dinge veröffentlichen, die wir lieber für uns behalten hätten. Viele Menschen sind bekanntlich selbst unsensibel im Umgang mit ihren Daten und stellen pikante Urlaubsfotos ein oder lassen sich in einem sozialen Netzwerk über ihren Chef aus. Auch für solche Fehltritte gilt, dass wir keine Möglichkeit haben, sie zu löschen. Wir müssen damit rechnen, dass sie auch noch nach Jahren oder Jahrzehnten auffindbar sind.

Dass dieser Umgang mit privaten Daten Gefahren birgt, ist erst ab etwa Mitte der 2000er Jahre ins Bewusstsein der Öffentlichkeit gelangt. Gerade in den Anfangsjahren war das Netz für viele eher ein passives Medium zum Mitlesen. Und wenn man, beispielsweise in Chat-Räumen oder Foren, aktiv kommunizierte, wählte man meist einen anonymen Benutzernamen, so dass Rückschlüsse auf die eigene Person nicht oder kaum möglich waren. Doch das Internet wandelte sich und wurde zu dem, was aktuell Web 2.0 genannt wird: ein Medium, bei dem die Nutzer nicht mehr passiv sind, sondern immer mehr eigene Inhalte entwickeln (so genannten User Generated Content) und zum Beispiel über soziale Netzwerke direkt miteinander in Verbindung treten. Blogs werden immer wichtiger, selbstgestaltete Online-Zeitungen zu bestimmten Themen oder für den eigenen Stadtbezirk entstehen. Anonyme Kommunikation tritt in den Hintergrund. Die Menschen wollen im Netz nun immer mehr als sie selbst wahrgenommen werden, eigene Inhalte funktionieren schließlich vor allem dann und finden dann Leser, wenn der Nutzer weiß, wer da schreibt. Auch die Aufspaltung in eine private und eine berufliche Kommunikation geht zunehmend verloren. Bei sozialen Netzwerken wie Facebook kann man beispielsweise mit Arbeitskollegen, Geschäftspartnern und Freunden aus dem richtigen Leben gleichzeitig »befreundet« sein.

Immer mehr Menschen haben den Wunsch und nutzen die technische Möglichkeit, die eigene Person auszustellen und über eigene Beiträge im Netz oder das

Herzeigen von bestimmten Vorlieben ein Bild von sich für die Öffentlichkeit zu gestalten. Eine Folge davon ist, dass sich unsere Online-Aktivitäten nunmehr tatsächlich auf uns als reale Personen zurückführen lassen. Damit wächst aber auch unsere Verletzlichkeit, denn jede Darstellung im Netz bleibt auf unbestimmte Zeit online, und wir müssen damit rechnen, irgendwann wieder damit konfrontiert zu werden. Dies gilt nicht nur, aber vor allen Dingen im beruflichen Bereich. So berichten nach einer amerikanischen Umfrage von Microsoft 75 Prozent aller US-amerikanischen Personalchefs, dass ihr Unternehmen ausdrücklich von ihnen verlangt, sich über die Reputation von Bewerbern im Internet zu informieren, beispielsweise über Suchmaschinen, soziale Netzwerke und Foto- bzw. Videodatenbanken. Dazu gehören auch persönliche Webseiten, Blogs, Twitternachrichten oder Seiten, auf denen Onlinespiele gehostet werden. 70 Prozent der US-Personalchefs geben demnach an, aufgrund der dort gefundenen Informationen in der Vergangenheit schon einmal Bewerber aussortiert zu haben.

Aus Amerika kommt auch ein anderes abschreckendes Beispiel: Vor fünf Jahren stellte die fünfundzwanzigjährige Lehramtsreferendarin Stacy Snyder aus Pennsylvania ein Foto von sich ins Internet ein, das auf einer Kostümparty entstanden war. Darauf trägt sie einen Piratenhut und trinkt aus einem Plastikbecher. Unterschrieben ist das Foto mit »Betrunkener Pirat«. Ein harmloser Schnappschuss, möchte man meinen. Stacy Snyders Betreuer an der Uni teilte ihr allerdings mit, solche Bilder seien »unprofessionell« und beförderten den Genuss von Alkohol bei Minderjährigen. Die Uni verweigerte Snyder den für das Lehramt notwendigen Studienabschluss. Dagegen klagte sie, schließlich hatte sie nichts Ungesetzliches getan. Ein Bundesgericht schmetterte die Klage letztlich mit der Begründung ab, als zukünftige Lehrerin seien ihre Rechte eingeschränkt. Fazit: Ein öffentlich gezeigter Schnappschuss aus dem privaten Leben kann unter Umständen den Job kosten.

Im Grunde ist sein brillantes Gedächtnis im Hinblick auf den Schutz der Privatsphäre die zentrale Schattenseite des Internets. Wir mögen Mitgliedschaften in Foren beenden, aus sozialen Netzwerken austreten oder das Abo einer Online-Zeitung kündigen, unsere digitalen Fußspuren sind – zumindest in den Datenbanken der Internetunternehmen, häufig aber auch online für jedermann sichtbar – weiterhin zu finden. Bezeichnenderweise kann man sein Mitgliedskonto bei Facebook auf einfachem Wege nicht löschen, sondern lediglich »deaktivieren«. Ob die Informationen aus dem Profil nach der Deaktivierung noch irgendwo im Netz herumschwirren, ist schwer zu sagen. Ganz sicher liegen sie aber auf irgendwelchen Rechnern von Facebook. Um ein Konto dauerhaft zu löschen, reicht es nicht, auf einen leicht zu findenden Button zu klicken. Man muss Facebook über ein nicht leicht zu findendes Formular eine Anfrage senden, dass man aus dem System raus will.

Welche Sprengkraft die Unauslöschlichkeit des Internetgedächtnisses haben kann, zeigt ein reales Beispiel aus der anwaltlichen Praxis: Ein Mann wurde vor sieben Jahren wegen eines Vermögensdelikts zu einer Haftstrafe von drei Jahren verurteilt. Die Strafe ist inzwischen verbüßt, und der Mann hat sich seither nichts mehr zuschulden kommen lassen. Sogar im Bundeszentralregister, nach dessen Einträgen die Meldebehörde zum Beispiel das für einen neuen Job nötige Führungszeugnis ausstellt, steht mittlerweile der Vermerk: »Keine Eintragungen.« Der Mann will – geläutert – wieder in seinem alten Beruf in der Finanzbranche arbeiten. Doch er hat ein Problem: Als die Tat damals aufflog, berichtete die Lokalzeitung über den Fall und nannte in einem Artikel auch den sehr ungewöhnlichen Namen des Mannes. Wer diesen Namen nun bei einer Suchmaschine eingibt, erhält als einziges Ergebnis den alten Zeitungsartikel, digital zugänglich im Online-Archiv des Lokalblatts. Dementsprechend gestalteten sich die Erfahrungen, die der Mann bei der Jobsuche machte. Es ist paradox: Da kann jemand ein makelloses Führungszeugnis vorlegen, doch das nützt ihm nichts, denn andere, ein Zeitungsredakteur, der Redakteur eines Online-Archivs, entscheiden darüber, ob der Mann eine neue Chance bekommt.

Nicht umsonst hat der Gesetzgeber festgelegt, dass sich eine Strafe nach einer bestimmten Zeit nicht mehr auf das berufliche Fortkommen auswirken soll. Darf das gnadenlose Gedächtnis des Netzes nun dazu führen, dass dieser Rechtsgrundsatz nicht mehr gilt? Was sagt man diesem Mann? So ganz genau wissen das die deutschen Gerichte, die mit solchen Fällen zu tun haben, auch noch nicht. Bisher wurde uneinheitlich entschieden, ob Anspruch darauf besteht, dass der eigene Name aus einer alten Meldung verschwindet. Immerhin geht es ja auf der anderen Seite um das Recht der Medienunternehmen, einmal entstandene Artikel nicht immer wieder auf ihre Rechtmäßigkeit hin überprüfen zu müssen. Im Fall des in den Medien breitgetretenen Mordes an dem Volksschauspieler Walter Sedlmayr entschied der Bundesgerichtshof, dass die Mörder unter bestimmten Voraussetzungen hinnehmen müssen, dass ihre Namen auch heute noch in älteren Artikeln zu finden sind.

Wollen wir, können wir mit dieser Entwicklung leben? Hier lohnt ein Vergleich von Mensch und Maschine. Niemand von uns verfügt über ein perfektes Gedächtnis, das keinerlei Information verliert. Forscher halten dies für einen Trick der Natur, um zurückliegende Dinge nach Wichtigkeit zu ordnen und uns in gewissen Situationen die Möglichkeit zu einem Neuanfang zu geben. So erinnern sich viele Verbrechens- oder Unfallopfer später nicht mehr an die schrecklichen Ereignisse.

Vor einigen Jahren wurde die Forschung auf die sehr seltenen Fälle von Menschen mit dem sogenannten hyperthymestischen Syndrom aufmerksam, die, verkürzt gesagt, nichts vergessen. Selbst lange zurückliegende Ereignisse stehen ihnen so deutlich vor Augen, als wären sie gestern geschehen. Die Schriftstellerin Jill Price, die unter dem Syndrom leidet, schildert diesen Zustand als häufig quälend. In einem Interview mit *Spiegel Online* vom 18. November 2008 sagt sie: »Ich sehe pausenlos irgendwelche Szenen aus der Vergangenheit vor mir, automatisch und durcheinander. (...) Die Erinnerungen sind wie ein endloser, wirrer Film, der mich völlig überwältigen kann. Und es gibt keine Stopptaste.«

Unsere Gesellschaft erlebt mit dem Internet dasselbe – auch hier fehlt die Stopp- oder Löschtaste. Wenn alle Informationen, die wir selbst oder andere jemals über uns online gestellt haben, auf ewig verfügbar sind, haben wir das perfekte externe Gedächtnis, auf das wir jederzeit in Sekundenschnelle zugreifen können. Aber ist das für uns und unsere Beziehungen gut? Der Philosoph und Internetvordenker Viktor Mayer-Schönberger erläuterte am 22. Mai 2011 im Schweizer Fernsehen in der Sendung »Sternstunde Philosophie« die Last der ständigen Verfügbarkeit digitaler Daten mit einem anschaulichen Beispiel, das etwa folgendermaßen lautet: Ein Mann und eine Frau, die befreundet sind, leben in verschiedenen Städten und treffen sich nur einmal im Jahr. Bei der Suche nach einem Ort für das diesjährige Treffen liest die Frau alte Mails, die sie mit dem Freund gewechselt hat, und stößt auf Nachrichten, in denen er vor Jahren sehr hässlich zu ihr war und die sie längst vergessen hatte. Jetzt, mit der »externen« Erinnerung, kommen bei ihr die alten Gedanken und Gefühle wieder hoch. Der Mann ist objektiv ein anderer geworden, die beiden verstehen sich gut, doch das Gift der online gespeicherten Erinnerung sorgt unwillkürlich für Unbehagen. Will sie ihn wirklich wiedersehen? Ihn, der damals so mit ihr umgegangen ist? Gewiss, dieselben Gefühle hätten die Frau auch ereilen können, wenn sie auf den Dachboden gestiegen wäre und die alten handgeschriebenen Briefe ihres Freundes noch einmal gelesen hätte. Doch hätte sie diese Mühe wirklich auf sich genommen? Die Suche nach alten E-Mails auf dem Rechner dauert Sekunden und ist auch deutlich bequemer als der Weg auf den Dachboden. In der digitalen Welt können wir uns die Vergangenheit mit wenigen Clicks wieder erschließen.

Die Möglichkeit, zu vergessen, bedeutet gleichzeitig die Möglichkeit, zu vergeben oder zumindest einen Neuanfang zu machen. Das jedoch scheint unmöglich zu werden in einer Gesellschaft, in der der Personalchef einer Bank einen Fünfundvierzigjährigen nicht einstellt, weil der mit neunzehn Jahren, angetrieben von jugendlichen Idealen und ohne groß darüber nachzudenken, für die Deutsche Kommunistische Partei Flugblätter verteilt hat. Oder werden wir, je länger es das unendliche digitale Gedächtnis gibt, lernen, mit solchen »Altlasten« anderer besser umzugehen, sie besser einzuordnen? Leider spricht wenig dafür, denn gerade bei Menschen, die wir nicht näher kennen, neigen wir dazu, uns aus sämtlichen uns bekannt werdenden Informationen recht wahllos ein Bild zusammenzusetzen. Ob die jeweilige Information Wochen, Jahre oder Jahrzehnte alt ist, spielt dabei keine große Rolle.

Seit langer Zeit ist die Kehrseite der Heimeligkeit eines kleinen Dorfes das Nicht-Vergessen-Können: Wer einmal durch eigene oder fremde Schuld ins Gerede gekommen ist, wird das nicht mehr los. Früher zog man vielleicht weg, in eine neue Umgebung, aber heute, im globalen Dorf, geht das nicht mehr – denn es gibt nur dieses eine.

So wie das Internet im Moment funktioniert, gibt es kein Entrinnen vor der Erinnerung, die auf Servern überall auf der Welt lagert. Deshalb ist es so wichtig, dass wir endlich offen über die Folgen des unauslöschlichen Datengedächtnisses sprechen. Wir müssen die Menschen für den Umgang mit ihren eigenen Daten sensibilisieren, vor allem aber müssen wir entscheiden, ob die Gesellschaft die bereits heute vorhandenen technischen Möglichkeiten nutzen will, zumindest einige Daten mit einem digitalen Verfallsdatum zu versehen, so dass sie irgendwann automatisch gelöscht werden.

Wie können wir uns also vor dem unerbittlichen Gedächtnis des Internets schützen? Oder geht das gar nicht?

Techniker erforschen im Moment Möglichkeiten, Netzeinträge, die später Schwierigkeiten verursachen könnten, von vornherein zu verhindern. Ein Ansatz dabei sind technische Hilfsmittel, die vor dem Einstellen bestimmter Daten, seien es Fotos oder Texte, den Nutzer fragen, ob er die Information wirklich online stellen will. Der E-Mail-Dienst von Google, gmail, besitzt beispielsweise im amerikanischen System eine Funktion, die davon ausgeht, dass Nutzer zu bestimmten Tages- bzw. Nachtzeiten geneigt sind, Nachrichten zu verschicken, die sie besser für sich behalten sollten. Das »MailGoggles« genannte System kann sich an den Wochenenden spätabends einschalten, wenn vielleicht der eine oder andere nach dem Ausgehen nicht mehr ganz Herr seiner Sinne ist, und vor dem Absenden einer Nachricht warnen. Ein solches System ist natürlich statisch, denn es ist ja durchaus auch denkbar, dass nächtliche Nutzer des Internets nicht betrunken sind, sondern schlicht und einfach arbeiten. Ob dieses System geeignet ist, Betrunkene von Postings abzuhalten, die sie hinterher bedauern würden, ist ebenfalls fraglich. Wer so wenig Herr seiner Sinne ist, dass er bloßstellende Nachrichten ins Netz schicken will, wird auch die Warnung des Systems womöglich ignorieren. Forscher gehen allerdings davon aus, dass in Zukunft beispielsweise Systeme denkbar sind, die Fotos vorab untersuchen und gegebenenfalls sofort davor warnen, sie online zu stellen. Eine andere Möglichkeit, über die Forscher nachdenken, ist eine virtuelle Figur, die sich auf dem Bildschirm des Nutzers neben dem Mauspfeil mitbewegt und vor riskanten Einträgen im Internet oder vor dem Hochladen von die Privatsphäre gefährdenden Bildern warnt. Eine solche Figur in Form einer stilisierten Büroklammer kennt man beispielsweise von der Hilfe-Funktion bei früheren Versionen von Windows-Rechnern. Die meisten Nutzer empfanden diese Figur aber eher als nervend, weshalb sie auch relativ wenig benutzt wurde. Ob eine solche überwachende Begleitung der Internetaktivitäten von den Nutzern akzeptiert würde, erscheint daher fraglich.

Eine erfolgversprechendere Möglichkeit wäre ein sogenannter Internetradiergummi. Dabei handelt es sich um eine Software, die jede einzelne Information eines Nutzers, sei es Text, ein Posting in einem sozialen Netzwerk oder ein hochgeladenes Foto, mit einem eigenen Verfallsdatum versieht. Hat der Nutzer das entsprechende System installiert und stellt er eine Datei mit Verfallsdatum ein, so ist der Inhalt nach Ablauf eines Zeitraums von beispielsweise drei Tagen, drei Monaten oder drei Jahren für andere nicht mehr zu sehen. Es erscheint lediglich ein schwarzer Bildschirm. Eine solche Technik ist bereits marktreif. Die Software könnte, ähnlich wie ein Virenschutzprogramm, im Hintergrund des Rechners laufen und etwa zehn Euro im Monat kosten. Damit könnten Internetnutzer jedenfalls sicher sein, dass bestimmte Informationen, die sie nicht für alle Ewigkeit im Netz sehen möchten, nach einem selbst festgelegten Zeitraum verschwinden.

Aber auch dieser Schutz scheint zumindest im Moment noch lückenhaft zu sein. So ist es nach Angaben der Entwickler eines solchen Systems von der Universität des Saarlandes durchaus möglich, einen sogenannten Screenshot, also einen Ausdruck oder eine Kopie der jeweiligen Internetseite, auf der der Inhalt hochgeladen ist, zu machen (so lange er online ist) und diesen in eigene Inhalte einzubinden. Auf die Art kann die Löschung umgangen werden. Ebenso lässt sich nach jetzigem Stand der Dinge wohl nicht sicherstellen, dass Dritte beispielsweise ein bestimmtes Foto, das der Nutzer mit Verfallsdatum versehen hat, zu sich auf den Rechner herunterladen und es in anderem Zusammenhang neu eingebunden auf die eigene Seite stellen.

Ein anderer Weg ist der, seine Privatsphäre durch eigene Entblößung zu schützen. Was zunächst wie ein Widerspruch klingt, wird beispielsweise von Hollywoodstar Ashton Kutcher seit einiger Zeit mittels Darstellung seiner eigenen Person über seine Webseite, über den Kurznachrichtendienst Twitter sowie Facebook praktiziert. Kutcher hatte in der Vergangenheit versucht, seine Persönlichkeitsrechte auf herkömmlichem Wege zu schützen, auch mittels Klagen. Da diese Bemühungen erfolglos blieben, dachte er sich eine neue Methode aus, über die er im August 2010 mit dem Magazin NEON sprach: »Ich wollte mir meine Worte nicht mehr im Mund verdrehen lassen und es war mir bewusst, dass ich mich dafür entblößen muss (…). Klatschblätter leben davon, aus dem Leben anderer Menschen eine Soap-Opera zu machen. Ich dachte also: Was wäre, wenn ich die Storyline für diese Seifenoper selbst bestimmen könnte (…). Es geht schon damit los, dass ich wieder normal aus meiner Ausfahrt fahren kann, weil sie nicht mehr von Reportern belagert wird. Wir haben den Markt einfach mit Fotos von uns gesättigt. Paparazzi lauern uns nun nicht mehr auf, weil Schnappschüsse von uns nichts mehr wert sind.«

Eine Möglichkeit des Schutzes der Privatsphäre, die aber wohl nur bei Top-Prominenten funktioniert.

Eine Debatte um Häuserfronten

In Deutschland gibt es mittlerweile über fünfzig Millionen Internetnutzer. Bücher einkaufen, Reisen buchen, in Foren mitdiskutieren, Strafanzeigen erstatten, das Hotelzimmer auf Kuba besichtigen, sich auf einen Job bewerben, über das Netz arbeiten – all diese vor Jahren ungeahnten Möglichkeiten nutzen wir mittlerweile ganz selbstverständlich. Wenn uns dann in Werbeanzeigen auf Webseiten über Tage und Wochen Hotels in England oder neue Turnschuhe empfohlen werden, nach denen wir vor einiger Zeit mal gesucht haben, wundern wir uns: Woher wissen »die« das eigentlich? Wenn wir im Onlinehandel Bücher gekauft haben, stellen wir uns die Frage, wo und wie lange eigentlich unsere Kreditkartendaten gespeichert werden. Wenn wir irgendwann zufällig bemerken, dass der eigene »Wunschzettel« für Bücher bei Amazon online zu finden ist, fragen wir uns, ob mit den gigantischen Datenmengen, die wir im Internet über uns abliefern, eigentlich alles mit rechten Dingen zugeht.

Genau so entstand die Debatte über Google Street View. Es war im Sommer 2010 – und es war Sommerloch. Wegen der Urlaubszeit gab es nicht viel zu berichten. Da tauchte in immer mehr Medien die Nachricht auf, dass die Suchmaschine Google ihren neuen Dienst Street View noch im selben Jahr mit Bildern aus den zwanzig größten deutschen Städten anbieten wird. Bereits im Jahr 2008 hatte Google in Deutschland, wie auch in vielen anderen Ländern der Welt, mit auf Autos und Fahrrädern angebrachten Panoramakameras angefangen, ganze Straßenzüge abzufilmen. Insgesamt neun Kameras, davon eine in den Himmel gerichtet, nahmen Straßen, Häuserfassaden, Hauseinfahrten und Sehenswürdigkeiten auf. Eben das, was man sieht, wenn man durch die Stadt läuft. Autokennzeichen oder auch die Gesichter von Personen, die sich auf der Straße befinden, anonymisiert Google mit technischen Mitteln. Ein Blick in Wohnungen oder in Gärten hinter dem Haus ist nicht möglich. Das Problem bei einer solchen Anwendung ist aber, dass sich mit wenigen Mausklicks für jeden weltweit feststellen lässt, wie jemand wohnt – also in einem heruntergekommenen Mietshaus, einer prächtigen Villa, einem Einfamilien- oder Reihenhaus. Man erfährt auf die Art schon eine ganze Menge über den anderen. Früher musste man sich die Mühe machen, dorthin zu fahren, was aber wohl kaum jemand gemacht hat. Google Street View stellt also – jedenfalls in Verbindung mit der Kenntnis einer bestimmten Adresse – eine weitere Einschränkung von Privatsphäre dar.

Als die Pläne von Google im Sommer 2010 öffentlich bekannt wurden, erhob sich ein Sturm des Protests gegen die Datensammler aus Amerika. Verbraucherschutzministerin Ilse Aigner hatte schon früher gefordert, dass Google die Bilder nur veröffentlichen dürfe, wenn die Hausbewohner oder -besitzer formell zugestimmt hätten. Im *Focus* vom 6. Februar 2010 erklärte sie: »Die flächendeckende Fotoaktion ist nichts anderes als eine millionenfache Verletzung der Privatsphäre. (...) Kein Geheimdienst dieser Welt würde so ungeniert auf Bilderjagd gehen.« Verschiedene konservative Politiker verlangten ein Verbot von Google Street View. Ganze Dörfer pflasterten ihre Straßen und öffentlichen Plätze mit Verbotsaufklebern für Kameras, die signalisierten: Hier ist Google Street View nicht erwünscht. In Düsseldorf ließen sich ein paar Rentner bei ihrem Street-View-Protest sogar für die Lokalzeitung deutlich sichtbar vor ihrem Haus fotografieren. Welch eine paradoxe Situation! Die Menschen wollten nicht, dass ihre Hausfassade, die sowieso für jeden sichtbar ist, im Internet gezeigt wird, erlaubten dann aber der *Rheinischen Post*, die Fotos mit ihnen vor ihrem Haus abzudrucken, so dass nun jedenfalls im größeren Umkreis um ihren Wohnort jeder wusste, wo sie wohnten. Eine Geschichte, die so skurril war, dass mehrere Zehntausend Leser das Foto auf der Webseite der Zeitung anklickten.

Die erhitzte Debatte um Google Street View im Sommer 2010 offenbarte in gewisser Hinsicht, wie Medien und Politik agieren, wenn sie der Meinung sind, dass ein Thema ihnen nützt. Sowohl Medien als auch Politik spürten ein noch unbestimmtes Unbehagen über die Datensammelei von Internetfirmen und nutzten die Gelegenheit, für sich Kapital daraus zu schlagen. Viele Medien informierten nicht hinreichend, worum es bei Google Street View genau ging, sondern schürten mit alarmistischen Artikeln die tiefverwurzelte Angst der Menschen vor neuen technischen Entwicklungen. So wie die eigentlich als seriös bekannte *Rheinische Post*, die im Sommer 2010 titelte: »Streetview zeigt bereits Häuser am Niederrhein.« Gemeint waren Bilder von deutschen Häusern, die man auf Street-View-Aufnahmen holländischer Orte sehen konnte! In dem Nachbarland gab es übrigens keinen nennenswerten Protest gegen den Dienst.

Die plötzliche Aufregung der Deutschen über das Abfilmen ihrer Straßen war insofern verwunderlich, als dass es bereits seit Jahren Google Earth gibt, einen anderen Dienst, der geeignet ist, noch wesentlich tiefer in die Persönlichkeitsrechte von Menschen einzugreifen als Google Street View. Bei Google Earth kann man sich über die Eingabe von konkreten Adressen oder Ortsnamen Satellitenbilder von nahezu jedem Ort der Welt anzeigen lassen. Die Darstellungen sind zum Teil so genau, dass man nachsehen kann, ob es im Garten des Bekannten aus Hamburg einen Swimmingpool gibt, welche Farbe die Markise des verhassten Nachbarn hat, dessen Grundstück sich wegen der hohen Hecke nicht einsehen lässt, oder wie viele Gartenstühle bei Tante Frieda in Freiburg auf der Terrasse stehen.

All dies sind Dinge, die man mit Google Street View, das lediglich Außenansichten zeigt, nicht herausfinden kann. Google Earth startete bereits 2005. Politische Diskussionen dazu? Fehlanzeige. Erst als es um Street View ging, wurde die Zulässigkeit infrage gestellt – wohl ein Zeichen dafür, dass erst jetzt das Unbehagen an den Datenfressern von Google & Co. groß genug war.

Rund 250 000 Widersprüche gegen die Darstellung des eigenen Wohnhauses bei Street View sind eingegangen. Diese Zahl zeigt, dass es eine Menge Menschen gibt, denen der Schutz ihrer Privatsphäre wichtig ist. Es bleibt allerdings frappierend, dass sich die Leute einerseits über das Zeigen ihrer Häuserfassade aufregen und rechtliche

Schritte dagegen einlegen, auf der anderen Seite aber kein Problem damit haben, Alben mit den Fotos vom letzten Liebesurlaub in der Karibik ins Internet zu stellen, die dann in vielen Fällen für jeden öffentlich zugänglich sind.

Am Widerstand gegen Street View lässt sich aber auch ablesen, wie wenig die Öffentlichkeit bisher darüber informiert ist, welche Daten im Netz sensibel sind und welche Anwendungen welchen Nutzen bringen. Sicher hat auch Google selbst vor der Einführung von Street View nicht ausreichend darauf hingewiesen, was sich mit dem neuen Dienst recherchieren lässt und welche weiteren Informationen man bräuchte, um persönlichkeitsrelevante Daten über Dritte abfragen zu können. Es ist ja beispielsweise wichtig zu wissen, dass man mit Hilfe der konkreten Adresse einer Person nicht nur Straßenzüge finden, sondern ganz direkt das Haus mit der konkreten Hausnummer heranzoomen kann. Viele Menschen unterlagen auf der anderen Seite der Fehlvorstellung, Google würde ständig Livebilder ihres Hauses ins Internet stellen. Dass es sich um statische Aufnahmen handelt, die teils schon vor Jahren erstellt wurden, wussten sie nicht.

Dass die Debatte, angeheizt durch Medien und Politik, auf diesem Niveau geführt wurde, ist auch eine verpasste Chance. Endlich hätte man einmal gut informiert über die Vorzüge und Risiken einer Technik diskutieren können – und nicht nur, wie geschehen, zwischen den extremen Positionen vehementer Ablehnung und begeisterter Zustimmung hin- und herspringen. Denn Argumente für die Technik von Google Street View beziehungsweise gegen den Widerspruch gibt es zumindest. So kann die Verpixelung von Häusern die Interessen von Dritten beeinträchtigen. Gewerbetreibende haben ein Interesse daran, dass ihr Geschäft auch über die Straßensuche zu finden ist. Hauseigentümer können Wohnungen in verpixelten Häusern schlechter vermieten oder verkaufen, weil sich Interessenten den Zustand der Immobilie nicht ansehen können.

Es war übrigens der kleine Ort Oberstaufen im Allgäu, der die Einführung von Google Street View frech zur Eigenwerbung nutzte. Oberstaufen hatte die Street-View-Kameras geradezu zu sich eingeladen, hatte den Fahrern der Kameraautos eine Torte gebacken und wurde so bei der Einführung des Dienstes im November 2010 das erste »Google Street View Dorf« – auch eine Art des Stadtmarketings.

Facebook: Eine geniale Idee mit über 600 Millionen Freunden

Die 2004 gegründete Internetplattform Facebook gilt heute als Synonym für soziale Netzwerke. Aktuell hat Facebook über 670 Millionen Mitglieder, alleine in Deutschland sind zwanzig Millionen dabei – das ist ein Viertel der Gesamtbevölkerung.

Wie funktioniert die Seite, die der Harvard-Student Mark Zuckerberg und ein paar seiner Mitstudenten gründeten und die heute rund zwei Milliarden Dollar Umsatz pro Jahr macht? Jeder Teilnehmer hat nach der kostenlosen Anmeldung eine eigene Profilseite, auf der er ein Foto einstellen und mehr oder weniger persönliche

Daten angeben kann, bis hin zu Adresse, Handynummer oder sogar religiöser Überzeugung. Die Angaben werden nicht überprüft, man kann also mit Pseudonymen und »geklauten« Existenzen auftreten. Gewünscht, und von einem Großteil der Nutzer praktiziert, sind aber die tatsächlichen Identitäten.

Um sich zu vernetzen, stellt man bei Leuten, die man kennt, Freundschaftsanfragen. Bestätigt der andere, ist man im Facebook-Jargon nun befreundet. Genauso kann man durch den an vielen Stellen auftauchenden »Gefällt mir«-Button »Fan« von Unternehmen, Prominenten oder Institutionen werden, die in dem sozialen Netzwerk vertreten sind, beispielsweise der Cognac-Marke Hennessy, der evangelischen Gemeinde Kleinmachnow oder der Lufthansa. Immer wenn ein Freund oder eine Institution, bei der man Fan ist, nun bei Facebook etwas schreibt oder, im Jargon gesprochen, postet, erscheint dieser Eintrag auf der eigenen Facebook-Seite, der sogenannten Pinnwand, zuerst. Beiträge und Fotos anderer kann man auch kommentieren und mit einem »Gefällt mir« versehen. Außerdem besteht die Möglichkeit, quasi als Einzelgespräch mit anderen zu chatten oder private Nachrichten auszutauschen.

Damit ergibt sich über den Tag zum einen eine ziemlich bunte Mischung von Meldungen, an denen man sich auch selbst durch eigene Einträge auf der Pinnwand, das Posten von Links oder Fotos beteiligen kann. Zum anderen bekommen Dritte ein recht genaues Persönlichkeitsprofil von uns frei Haus geliefert, denn zumindest unsere Facebook-Freunde können die anderen Freunde und Vorlieben (»Fan«-Seiten), die wir selbst angeklickt haben, sehen. Je nach Einstellung der Privatsphäre-

Optionen können aber auch völlig Fremde unser gesamtes Profil einsehen.

Einer der Autoren dieses Buches ist seit 2009 aktives Mitglied bei Facebook, um Erfahrungen für diese Veröffentlichung zu sammeln, aber auch aus Faszination und echtem Interesse an dem Netzwerk. Und immer vor dem Hintergrund: Wie schnell gerät man selbst in Gefahr, zu viel Privates preiszugeben? Wo definiert man persönlich die Grenze zwischen Privatem und Öffentlichem? Was vertraut man »allen«, was nur »Freunden« und was »Freunden von Freunden« an? Denn wenn man selber etwas bei Facebook schreibt, kann man bestimmen, welche der drei Gruppen diesen Beitrag lesen darf.

Das Spannende ist zunächst das, was man eigentlich schon vorher wusste: Facebook-Freunde sind meistens natürlich keine Freunde wie im realen Leben. Der Autor hat mittlerweile etwa hundertzwanzig Facebook-Freunde (ein ziemlicher Durchschnittswert), davon sind die meisten gute und weniger gute Bekannte, Geschäftspartner, alte Schulkameraden. Schon diese Mischung zeigt, dass die Informationen, die man mit Dritten teilen kann, an eine – wenn auch begrenzte – Öffentlichkeit gehen. Woher weiß man denn, was der Facebook-Freund, den man mal bei einem Seminar kennengelernt und danach nie wiedergesehen hat, mit dem anstellt, was man so erzählt im virtuellen Leben? Die Bezeichnung »Freund« ist also trügerisch.

Und dann kommen schon die kritischen Fragen: Auf Facebook mit anderen über die Eurokrise diskutieren? Warum nicht, es kann sehr bereichernd sein, zu lesen, was der Banker am anderen Ende der Welt so denkt. Das Gleiche gilt, wenn man mit der amerikanischen Freundin über hohe Benzinpreise und alternative Energien diskutiert. Bewegend auch, wenn ein Journalist, dessen Posts man verfolgt, im März 2011 eine japanische Schriftstellerin bei Facebook findet, die just in der FAZ über ihre Sorgen kurz nach Fukushima geschrieben hat und mit der man nun per Facebook-Post unmittelbar Gedanken austauschen kann.

Posten, wohin man in Urlaub fährt? Eine Alarmglocke läutet; das ist eigentlich zu privat, also maximal etwas für »Freunde«. Man muss sich nicht gleich in Erinnerung rufen, dass professionelle Einbrecher Facebook nach potentiellen Opfern durchsuchen, die Bilder von den Malediven posten und dazu schreiben, dass sie noch zwei Wochen dort sind … Einer englischen Familie wurde sogar das Haus ausgeräumt, nachdem sie gepostet hatte, sie müsste ihre Tochter im Krankenhaus besuchen. Zu privat jedenfalls, um es mit allen auf Facebook zu teilen. Noch heikler: die Geburt des Kindes mitteilen, als digitale Geburtsanzeige mit Name, Gewicht, Größe? Undenkbar – auch wenn man mit vielen Bekannten nur auf diesem Weg Kontakt hält und vielleicht nicht einmal ihre Wohnadresse kennt. Daher der Ausweg: ein Foto mit einem Hand-Ausschnitt des Kindes einstellen, ohne Namen und weitere Daten. Wer mehr wissen will, kann fragen. Die meisten verstehen und gratulieren.

Fazit: Behält man die Schere im Kopf und hinterfragt, wer das alles nun jeweils über einen wirklich wissen soll, kann das Netzwerk zumindest auch eine Bereicherung darstellen.

Neben all den Menschen, die wir digital kennenlernen und zu Freunden machen, kennt uns aber vor allem Facebook ganz genau, und daran hat dieses soziale Netzwerk aus Kalifornien größtes Interesse. Denn Facebook wird als Unternehmen immer mächtiger und interessanter, je mehr Nutzer (sprich: Kunden) es hat und je mehr es über uns weiß. Und Facebook weiß viel, in mancher Hinsicht deutlich mehr als zum Beispiel Google. Während die weltgrößte Suchmaschine »nur« weiß, wonach wir in der Vergangenheit gesucht haben, kennt Facebook unsere tatsächlichen Namen, Vorlieben, Freunde und was wir so denken und erleben. Das sind die wertvollsten Daten, über die eine Firma verfügen kann.

Tatsächlich sind sich viele Nutzer nicht darüber im Klaren, dass Facebook ein auf größtmöglichen Gewinn ausgerichtetes Privatunternehmen ist. Mancher lässt sich von der Kostenfreiheit der Mitgliedschaft täuschen und geht schon allein deshalb recht freigiebig mit seinen Daten um. Facebook-Gründer Mark Zuckerberg tut auch alles, um die Menschen im Sinne seines Geschäftsmodells zu erziehen. Er hat den Spruch geprägt, das Zeitalter der Privatsphäre sei vorbei. Und er sagt Sachen wie: »Ich will die Welt zu einem offeneren Ort machen«, oder behauptet, junge Menschen hätten kein so großes Interesse mehr, ihre persönlichen Daten zu schützen, deswegen sei Facebook so erfolgreich. Ob all diese Thesen stimmen, mag angesichts der zwischenzeitlich aufgekommenen Kritik an Facebook wegen des laxen Umgangs mit Daten bezweifelt werden. Zuckerbergs Aussagen dienen offenbar auch dazu, ein gesellschaftliches Klima überhaupt erst herzustellen, in dem der Schutz persönlicher Daten tatsächlich nicht mehr viel wert ist, weil sich jeder schon bei Facebook präsentiert hat. Eine Art selbsterfüllende Prophezeiung. Umso kritischer sollten die Geschäfte von Facebook beobachtet werden. Und die werden im Wesentlichen von diesem verträumt vor sich hinblickenden Rothaarigen geprägt, der in der Anfangszeit von Facebook (das als eine Art digitales Jahrbuch an einer einzigen Universität begann) einem erstaunten Mitstudenten verriet, warum er denn all die Daten von den anderen bekommen habe: »They trust me, dumb fucks.«

Und noch etwas sollte man sich beim Umgang mit den eigenen Daten im Netz vor Augen führen. Viele Menschen haben Angst vor dem Staat als »Datenkrake«, tatsächlich sammeln im Wesentlichen aber vier große amerikanische Konzerne unsere Daten: nämlich Amazon, Facebook, Google und Apple. Wenn der amerikanische Staat es wegen der Gefahr terroristischer Anschläge oder aus anderen Gründen für notwendig hält, kann er – was dem deutschen Staat wegen der strengen Datenschutzgesetze niemals möglich wäre – einfach die Datensammlungen dieser vier Unternehmen zusammen auswerten und dann über jeden von uns ein komplettes Persönlichkeitsprofil erstellen: wo wir uns wann aufgehalten haben, unsere sexuellen Vorlieben, unseren Musikgeschmack, unseren Wohnort, unseren Ausbildungsgang, unsere Lebensgewohnheiten. Es kann nicht ausgeschlossen werden, dass der amerikanische Staat dies im Zuge einer Notstandsgesetzgebung irgendwann einmal anordnet. Es sei nur an die massive Verschärfung der US-amerikanischen Sicherheitsgesetze nach dem 11. September 2001 erinnert: Die amerikanischen Behörden bestanden sogar darauf, Passagierlisten europäischer Staatsangehöriger zu bekommen, die sich auf Flügen in die USA befanden. Insofern könnte der amerikanische Staat sich per Gesetz von den vier genannten Konzernen sämtliche Daten über uns besorgen – von den Daten der amerikanischen Kreditkartenunternehmen wie VISA und Mastercard ganz zu schweigen. Dagegen könnte man auch von Deutschland aus nichts unternehmen, weil man die Daten den amerikanischen Konzernen ja bereits zur Verfügung gestellt hat.

Facebook als Selbstgespräch – auf der Suche nach Bestätigung

Warum sind nun also soziale Netzwerke so erfolgreich? Es wäre zu kurz gegriffen, würde man annehmen, dass beispielsweise bei Facebook die Kommunikation mit anderen im Mittelpunkt stehe. Natürlich geht es auch darum, sich mit Freunden und Bekannten auszutauschen und mühelos in Kontakt zu bleiben, in Zeiten wegbrechender sozialer Strukturen im »realen« Leben dienen soziale Netzwerke vor allem aber auch der Selbstbestätigung. Denn: Wenn wir den »Gefällt mir«-Knopf drücken und uns das Foto eines Bekannten, der auf Hawaii einen Kopfstand macht, die Facebook-Seite von Swatch-Uhren oder einer Obdachlosenhilfe auf die eigene Profilseite holen, entwerfen wir damit vor allem ein Bild von uns selbst. So wollen wir von der Welt gesehen werden. Sammeln wir auf die Art viele »Freunde«, so dient uns das als Bestätigung, dass wir mit dem Bild, das wir von uns gezeichnet haben, bei Dritten ankommen. Alard von Kittlitz schreibt in der FAZ vom 6. August 2010 treffend: »Die Freunde sind das Publikum, welches das Gelingen der eigenen Existenz bezeugt, in dessen Reaktionen und

Eigenleben sie sich spiegelt, wie in einem doppelten Panoptikum.«

Bei diesem Spiel mit den Facebook-Freunden stellen sich Fragen, deren Antworten über Anstieg oder Abfall des eigenen Selbstwertgefühls entscheiden: Werden sich meine Freunde für meinen Pinnwandeintrag zum Kachelmann-Prozess interessieren und den »Gefällt mir«-Knopf drücken? Gibt es Kommentare? Finden die anderen es gut, wenn ich Fotos vom Bergwandern einstelle? Wie reagiert der Facebook-Freund auf einen bissigen Kommentar zu seinem neuen Buch? Gibt es aktuell spannende Alltagsgeschichten, die ich mit den Facebook-Freunden teilen kann? Auch der Autor hat sich bei skurrilen Vorfällen im Alltag schon gefragt: Wäre das nicht etwas für Facebook? So entwirft sich jeder seine eigene kleine Bühne.

Die digitale Pinnwand von Facebook ist wie ein Strom des Lebens, in dem sich Privates und Öffentliches, tatsächliche Freunde und Unternehmen, die uns etwas verkaufen wollen, unweigerlich mischen. Und dabei zeichnet jeder Nutzer nicht nur ein Bild von sich selbst, sondern komponiert auch ein Abbild des Lebens, so wie er es gerne sehen möchte: Urlaubsfotos des Kollegen über Lufthansa-Flugangeboten, die Speisekarte vom Lieblingsitaliener über dem Geburtstagsglückwunsch des Bekannten. Die Methode von Facebook besteht darin, dass eine Geschichte des Lebens erzählt wird, das sich um einen herum abspielt. Man erfährt, was die anderen so machen (auch die, von denen man im realen Leben nichts hört) und wird gleichzeitig beispielsweise durch CNN-Einträge darüber informiert, was auf der Welt gerade passiert. Dass – je nach Privatsphäre-Einstellungen – eine ganze Menge Leute, die man gar nicht (näher) kennt, dabei zuguckt, ist der Preis, den heute offenbar viele bereit sind zu zahlen. Dirk von Gehlen schreibt in der *Süddeutschen Zeitung* vom 19. September 2009 über das Bewusstsein, dass andere mitlesen: »Sie interpretieren es aber anders: weniger als möglichen ›Stolperstein für ihre berufliche Karriere‹ denn als Versprechen dessen, was das Ziel jeden Gespräches ist: gegenseitiges Verstehen.«

Noch weiter geht der Psychologe Ernst Pöppel, der Facebook für »Selbstprostitution« hält, in einem Interview auf faz.net am 11. Mai 2010: »Man öffnet sich nicht wirklich, will sich aber zeigen. Es ist gewissermaßen Selbstkommunikation – ein öffentliches Tagebuch, das nur so tut, als wäre es Kommunikation.«

Wenn diese Suche nach Bestätigung für das ausgestellte Lebensmodell aber bei den meisten Nutzern von sozialen Netzwerken der Hauptantrieb für die Teilhabe am digitalen Leben ist, müssen wir die Menschen umso dringender in die Lage versetzen, die Entscheidung, was sie wo und für wen veröffentlichen, in voller Kenntnis der Risiken zu treffen. Alle Internetnutzer müssen mit den notwendigen technischen und rechtlichen Mitteln ausgestattet werden, um Herr über die eigenen Daten bleiben zu können.

Manch einer meint in letzter Zeit zu beobachten, dass sich vor allem junge Leute in sozialen Netzwerken zunehmend um eine »soziale Inszenierung« bemühen, also zwar als reale Person bei Facebook auftauchen, aber ihr Gesicht nicht vollständig zeigen oder Namen von Familienmitgliedern erfinden. Der Journalist und Internetunternehmer Tim Renner schreibt: »Man bringt sich dabei in die Gemeinschaft ein, bewahrt aber trotz scheinbarer totaler Transparenz ein Mysterium und erlaubt sich die eine oder andere Modulation der eigenen Realität.«[44] Dies wäre eine Rückwärtsbewegung in Richtung mehr Anonymität im Netz, wie sie gerade in den ersten Jahren des Massenmediums Internet an der Tagesordnung war. Eine solche Entwicklung ist aber, bis auf wenige Ausnahmen, noch nicht festzustellen. Die meisten Facebook-Profile enthalten – soweit sich das ersehen lässt – wahrhaftige Daten über den Nutzer. Zwar kommt es vor, dass jemand seinen vollständigen Namen nicht zum Profilnamen macht (eine Angela sich also z. B. »Ann Gela« nennt). Das bedeutet aber nicht, dass der Inhalt des Profils nicht die wirklichen Ansichten, Lebensverhältnisse und Vorlieben widerspiegelt. Facebook ist gerade deshalb erfolgreich, weil es – quasi wie ein Telefonbuch mit Lebensgeschichte – die realen Verhältnisse von Millionen Nutzern wiedergibt und diese aufgrund der zutreffenden Angaben von Freunden, Bekannten oder Geschäftspartnern auch von anderen gefunden werden können. Das Portal ist zum zentralen Anlaufpunkt im Netz geworden, wo Nutzer die Wahrhaftigkeit der eingestellten Informationen Dritter recht zwanglos erwarten. Falsche oder verfälschte Identitäten werden von der Gemeinschaft der Nutzer wenig geschätzt.

Im Übrigen sei der Gedanke von Tim Renner aber aufgenommen: Gerade der Umstand, dass man sich bei Facebook und in anderen sozialen Netzwerken Scheinidentitäten zulegen kann, zeigt, dass die von vielen postulierte Transparenz so nicht erzielt wird. Ähnliches gilt übrigens für diejenigen, die sich mit Klarnamen und Foto eine eigene Facebook-Seite einrichten. Auch sie beliefern das Netz natürlich nur mit Eigenschaften, Vorlieben und Interessen, von denen sie annehmen, dass diese positiv von der Community aufgenommen werden. Das Netz wird damit letztlich zur Propagandamaschine in eigener Sache. Menschen können sich schöner und interessanter machen, als sie tatsächlich sind.

Weil Facebook und andere soziale Netzwerke kein großes Interesse daran haben und weil wir von staatlichen Stellen nur begrenzt Hilfe in Form von Gesetzen erwarten können, ist es unsere Aufgabe, uns selbst um den notwendigen Schutz unserer Daten zu kümmern. Das ist nicht nur eine zwanglose Aufforderung zur »digitalen Mündigkeit«, wie sie Constanze Kurt und Frank Rieger in ihrem Buch »Die Datenfresser«[45] fordern, sondern sogar gerichtlich festgestellte Verpflichtung. Das Oberlandesgericht Köln entschied im Jahr 2010, dass man keinen Unterlassungsanspruch gegen Personensuchmaschinen wie *123people.de* hat, wenn auf deren Seite ein Foto veröffentlicht wird, das man zuvor selbst bei einem sozialen Netzwerk eingestellt hat. Das Gericht rügte insbesondere die eigene Nachlässigkeit des Klägers. Obwohl die Möglichkeit bestand, das Profil so einzustellen, dass Fotos bei Suchmaschinen nicht erscheinen, hatte der Nutzer davon keinen Gebrauch gemacht. Das Gericht verwies auch darauf, dass die Allgemeinen Geschäftsbedingungen des sozialen Netzwerks vorsahen, dass man mit der Veröffentlichung in anderen Medien einverstanden ist – mit Ausnahme jener Fälle, bei denen die Profileinstellungen einen Zugriff von Suchmaschinen nicht zulassen. Es steht zu erwarten, dass Gerichte in Zukunft immer wieder so entscheiden: Es ist die Aufgabe des Nutzers, die Privatsphäre-Optionen so einzustellen, dass er hinterher öffentlich genauso wahrgenommen wird, wie er wahrgenommen werden will.

Eine erhebliche Verantwortung, denn in der Praxis ist das gar nicht so leicht. Wer aktuell beispielsweise bei Facebook festlegen möchte, dass das eigene Profil bei Eingabe seines Namens in einer Suchmaschine nicht gefunden wird, muss unter der Rubrik »Konto« auf das Feld »Privatsphäre-Einstellungen« klicken, woraufhin sich eine kleinteilige Seite öffnet, bei der man verschiedenste Einstellungen vornehmen kann. Ganz unten auf der Seite kann man dann auf das Feld »Anwendungen und Webseiten« klicken – und ist immer noch nicht am Ziel. Bis hierhin war von »Suchmaschinen« oder »Daten für Suchmaschinen blockieren« noch kein einziges Mal die Rede. Auf der sich öffnenden Seite kann man dann wieder fünf Einstellungen verändern. Die letzte schließlich ist die richtige. In falschem Deutsch heißt es dort: »Zeige Personen, der mithilfe einer Suchmaschine nach dir suchen, eine Vorschau für dein Facebook-Profil.« Nun noch einmal klicken, ein Häkchen entfernen, und die Suchmaschinen-Anzeige des eigenen Profils ist ausgeschaltet.

Selbst erfahrene Facebook-User werden die Funktion möglicherweise nur mit Hilfe einer Anleitung aus dem Internet finden – und es wird dauern. Wohlgemerkt: Hier geht es um eine Funktion von vielen. Andere Privatsphäre-Einstellungen, wie z. B. die Frage, wer die eingestellten Fotos sehen darf, werden auf wieder anderen Unterseiten geklärt. Auch so wird es für Nutzer schwieriger, ihr Konto gegen Einblicke von außen zu sichern. Viele fangen vielleicht gar nicht erst an, sich den mühsamen Weg durch den Dschungel der Klicks zu bahnen. Ein Umstand, gegen den Facebook sicher nichts einzuwenden hat.

Nicht ohne Humor schrieb das Magazin *Business In-*

sider im März 2010: »Online-Privatsphäre ist das neue Videorecorder-Programmieren.« Und man erinnert sich: Das war eine wahre Qual.

Das Dogma der Transparenz

So mancher Apologet des freien Internets wird nun sagen, solche Schutzmechanismen seien unnötig, weil die Gesellschaft insgesamt toleranter werde, wenn jeder von jedem – zumindest theoretisch – alles wissen könne. Diese Auffassung erinnert an den Satz: »Wer nichts zu verbergen hat, hat auch nichts zu befürchten.« Das ist schon deshalb Unsinn, weil sich die Frage, ob und was man zu »verbergen« hat, für die Zukunft gar nicht beantworten lässt. Ob eine Information, die man heute mit Dritten teilt, irgendwann peinlich sein wird, lässt sich jetzt überhaupt noch nicht sagen. Lebensentwürfe ändern sich schließlich.

Der Unsinn dieses Satzes steckt aber auch in einem zweifelhaften Menschenbild. Ob und wie man sich der Öffentlichkeit mit seinem Leben zuwendet, ist eine autonome Entscheidung – unabhängig vom Inhalt dieses Lebens. Hätte der zitierte Satz Allgemeingültigkeit, würde sich jeder verdächtig machen, der sich nicht vollständig öffnet. Eine unerträgliche Vorstellung angesichts des auch durch das Grundgesetz geschützten »right to be let alone«, des Rechts, in Ruhe gelassen zu werden.

Die Überzeugung, dass erst totale Transparenz eine »bessere«, jedenfalls offenere und libertärere Gesellschaft schaffen könne, ist eine naive Traumvorstellung. Denn sowohl jede Gesellschaft als auch jeder Einzelne hat bestimmte moralische Grenzen, jenseits derer das Verhalten anderer nicht mehr akzeptiert oder als anstößig empfunden wird. Genauso empfindet jeder Mensch bestimmtes eigenes Verhalten oder eigene Erlebnisse als anstößig oder peinlich und möchte diese nicht in der Öffentlichkeit ausgebreitet sehen. Es ist ein Irrglaube anzunehmen, dass man dem gerne ausgelassen feiernden Ministerialbeamten in Zukunft weniger kritische Fragen zu heiklen Fotos aus Partynächten stellen würde, wenn immer mehr solcher Bilder auch von anderen die Runde machen würden. Moralische Vorstellungen ändern sich nicht durch die bloße bekannt gewordene Quantität an Verstößen gegen diese Normen.

Ein anderer Einwand der Fürsprecher eines möglichst freien Internets und des möglichst unbeschränkten Umgangs auch mit persönlichen Daten lautet, dass man sich doch schützen könne, wenn man beispielsweise bei sozialen Netzwerken die Sicherheitseinstellungen richtig bediene. Das ist natürlich nicht ganz falsch, es greift aber zu kurz, denn Unternehmen, die mit dem Handel im Netz – sei es mit Produkten oder mit Dienstleistungen – Geld verdienen, tendieren dazu, mehr Informationen als notwendig beim Nutzer abzugreifen oder eben den Privatsphärenschutz bewusst so kompliziert wie möglich zu machen. Es ist seltsam: Ein Möbelhersteller muss mittlerweile mit rechtlichen Konsequenzen rechnen, wenn er dem Verbraucher unverständliche Bedienungsanleitungen für Regale an die Hand gibt, aber dass Nutzer ohne richtige Anleitung zum Surfen in sozialen Netzwerken allein gelassen werden, scheint niemanden zu stören. Genauso, wie wir einen leicht zu bedienenden Mixer oder ein halbwegs verständliches Benutzermenü beim Handy erwarten, sollten doch auch unsere »Geschäfte« mit den eigenen Daten innerhalb eines fairen Rahmens ablaufen. Wobei der deutsche Gesetzgeber alleine damit sicher überfordert ist. Die Frage sei erlaubt: Was tun hier die anderen nationalen, was die europäischen Gesetzgeber? Immerhin: Die Teilnehmerstaaten des G8-Gipfels vom 26./27. Mai 2011 im französischen Deauville, zu denen auch Deutschland gehörte, haben sich in ihrer Abschlusserklärung darauf verständigt, dass zu den Schlüsselprinzipien des Internets für die Zukunft unter anderem »Privatsphäre« und »Schutz des geistigen Eigentums« gehören sollen. Es wundert wenig, dass Internetaktivisten hinter solchen grundsätzlich sinnvollen Erklärungen von Regierungen rasch Zensurgedankengut vermuten, wenn fast zeitgleich eine Meldung über die Ticker läuft, nach der im französischen Fernsehen auf behördliche Anordnung hin die Begriffe »Twitter« und »Facebook« nicht mehr frei, sondern nur noch dann benutzt werden dürfen, wenn sie selbst Gegenstand der Berichterstattung sind. Aus Wettbewerbsgründen sei es unzulässig, die Namen in Hinweisen wie »Folgen Sie uns auf Twitter« zu nennen; es gebe schließlich noch andere solche Dienste.

Die weitverbreitete Ahnungslosigkeit von Internetnutzern beim Umgang mit ihren persönlichen Daten bedeutet auch den Auftrag für Regierung, Verbraucherschützer, Schulen und Online-Unternehmen, über Wege zur »digitalen Mündigkeit« aufzuklären. Es kann nicht oft genug betont werden: Nicht nur Kinder und Jugendliche surfen unbedarft und unwissend durchs Netz. Für viele, vor allem auch ältere Erwachsene, für die schon der PC an sich eine Herausforderung darstellt, gilt dasselbe. Wie sollen Eltern und Großeltern dem Nachwuchs die Möglichkeiten zeigen, bestimmte Daten vor anderen zu verbergen, wenn sie es selbst nicht wissen?

In der anwaltlichen medienrechtlichen Praxis kommen Fälle versehentlicher Datenpreisgabe häufiger vor, als man denken mag. So zum Beispiel der homosexuelle Geschäftsmann, der nicht offen schwul leben möchte: In einem Schwulenforum im Netz hat er zwar unter falschem Namen, aber doch von der eigenen E-Mail-Adresse aus geschrieben, und nun bereitet ihm die Befürchtung, seine sexuelle Orientierung könnte bekannt werden, schlaflose Nächte. Man kann in solchen Fällen häufig rechtlich nicht viel machen, da es sich eben um die eigene »Schuld« handelt, und muss auf den Goodwill des Forenbetreibers hoffen, dass er die verräterische E-Mail-Adresse löscht.

Vielerorts ist jedoch zu beobachten, dass das Bewusstsein für einen kritischen Umgang mit der eigenen Privatsphäre wächst. So gibt es immer mehr Partys, bei denen sich die Besucher auf eine Art Kodex einigen: »Nach Mitternacht keine Fotos und Videos mehr!« Manche Paare schreiben mittlerweile auf ihre Hochzeitseinladungen, dass sie keine Bilder des großen Tages im Internet sehen möchten. Das wird dann höflich ausgedrückt mit einer Formulierung wie: »Das Brautpaar bittet, auf Social Media zu verzichten.« Man mag sich darüber lustig machen: »Wenn sich die Brautleute noch nicht mal darauf verlassen können, dass die wirklich peinlichen Szenen der eigenen Hochzeit (Tanzpannen, Trinkspiele, Flirtonkels) auch ohne Absprache niemals bei Youtube landen, haben sie eindeutig die falschen Leute eingeladen.«[46] Doch dass ein Paar versucht, die Kontrolle über die mediale Verwertung dieses höchstpersönlichen Ereignisses zu behalten, ist legitim und beweist, dass Privatsphäre für viele ein Wert ist, den sie bewahren möchten. Mit dieser Rückbesinnung werden sich auch die Verfechter der totalen Transparenz, die Wortführer des »freien Netzes« auseinanderzusetzen haben. Altmodisch? Mag sein, aber offenbar ein Bedürfnis vieler Menschen.

Positiv ist daher auch, dass der aktuellen JIM-Studie 2010 zufolge auch Kinder und Jugendliche anfangen, sensibler mit ihren Daten im Netz umzugehen. Im Vergleich zum Vorjahr zeigte sich, dass die allzu freigiebige Preisgabe von Daten bei den Zwölf- bis Neunzehnjährigen abnimmt. Persönliche Informationen wie Hobbys geben 76 Prozent der Jugendlichen bekannt (2009: 83 Prozent); Fotos der Familie oder von Freunden laden 41 Prozent der Befragten hoch (Vorjahr: 51 Prozent). Das Bewusstsein, private Daten auch mittels der sogenannten Privacy-Optionen schützen zu können, wächst erheblich: Gut zwei Drittel der Heranwachsenden nutzen diese Schutzmechanismen. 2009 waren es nur 46 Prozent. Diesen Anstieg erklärt Thomas Rathgeb vom Medienpädagogischen Forschungsverbund Südwest im November 2010 gegenüber *Spiegel Online* unter anderem folgendermaßen: »Wenn einer schlechte Erfahrungen damit gemacht hat, persönliche Daten preiszugeben, spricht sich das im Freundeskreis herum und die Jugendlichen ändern ihr Verhalten.« Auch dies ein Zeichen, dass selbst technikaffine junge Menschen nicht unbedingt der Auffassung sind, dass wir im Post-Privacy-Zeitalter leben, und dass Google-Chef Eric Schmidt mit seinem berühmt gewordenen Satz recht hat: »Wenn es etwas gibt, von dem

Sie nicht wollen, dass es irgendjemand erfährt, sollten Sie es vielleicht ohnehin nicht tun.«

Und doch gibt es eine starke Gruppe von Netzaktivisten, die die Meinung vertreten, das Zeitalter der Privatsphäre sei vorbei, oder, wie es die Mitbegründerin der »Datenschutzkritischen Spackeria« Julia Schramm am 10. März 2011 in einem Interview mit *Spiegel Online* sagte, Privatsphäre sei »so was von Eighties«. Die Gruppe mit dem etwas seltsamen Namen (er entstand, als den Machern von einem Kritiker vorgehalten wurde, »Spackos« zu sein) engagiert sich für die Zurückdrängung von Datenschutzbemühungen. Schramm zufolge erkennt sie zwar an, dass Menschen den Wunsch nach Privatheit haben, dieser sei aber als Schutz nicht mehr nötig und aufgrund der Gegebenheiten im Internet faktisch auch nicht mehr möglich. Sie räumt allerdings ein, dass Post-Privacy für sie kein normativer Anspruch sei, sondern eine Zustandsbeschreibung.

Allerdings: Beim Schutz der Privatsphäre existieren im Internetzeitalter und auch beim Mitmach-Web 2.0 nicht nur Schwarz und Weiß, also entweder dabei sein oder aufs Netz verzichten bzw. ohne Übermittlung von eigenen Daten anonym surfen, wie Julia Schramm als Ausweg vorschlägt. Es gibt keinen vernünftigen Grund zu kapitulieren und davon auszugehen, dass die technischen Möglichkeiten zwingend den Verlust der Privatsphäre bedeuten. Wer so denkt und bereit ist, auf jegliche Beschränkung der Nutzung von Daten zu verzichten, erweist sich auch nicht als besonders tolerant, wie oft behauptet wird, sondern als ignorant gegenüber denjenigen, die die Vorteile des Internets nutzen möchten, ohne sich komplett zu entblößen. Nach dem Motto: Mitmachen darf nur der, der unsere Bedingungen akzeptiert. Die Post-Privacy-Aktivisten, die die Auffassung vertreten, wer keine Entblößung wolle, müsse offline bleiben, wollen denjenigen, die sich einen privaten Schutzraum bewahren möchten, den Zugang zu den Möglichkeiten des World Wide Web verweigern.

So einfach und schablonenhaft wie die »Spackeria« wird man es sich nicht machen können, denn wir haben es selbst in der Hand, uns Regeln zu geben: Was soll heute noch privat sein? Wie können wir verhindern, dass schützenswerte Daten über das Internet weltweit bekannt werden? Wie können Unternehmen und Staat dazu verpflichtet werden, unsere Daten nicht einfach pauschal abzurufen und nach Belieben zu einer Art Persönlichkeitsprofil zusammenzusetzen? Wie können wir erreichen, dass das Internet ein Gedächtnis bekommt, das manches auch wieder vergisst? Die technischen Möglichkeiten für solche Grenzziehungen stehen genauso bereit wie die technischen Möglichkeiten, unsere Privatheit noch weiter auszuhöhlen. Dass wir durch die Offenlegung persönlicher Details unsere gesamte Privatsphäre aufgeben können, entlastet die Gesellschaft nicht davon, Antworten auf die gerade gestellten Fragen zu finden, schon allein deshalb nicht, weil ein Großteil der Menschen zwar die Chancen des Netzes schätzt, auf Privatsphäre aber nicht verzichten will. Wobei sich – und das ist klar erkennbar – die Grenzen zwischen dem, was jemand als privat ansieht und vor der Öffentlichkeit verbergen will, und dem, was er problemlos offenlegt, zunehmend verschieben. Das Verhalten im Netz differenziert sich immer weiter aus. Der eine präsentiert sich über eine eigene Webseite oder über Facebook so vollständig, dass nur noch sein Intimleben öffentlich tabu ist. Der Nächste erzählt seinen zweihundert Facebook-Freunden von Sorgen in der Familie, schweigt aber über sein Gehalt wie ein Grab. Ein anderer ist im Web vielleicht als Wissenschaftler sehr präsent, lässt aber keinerlei Fotos von sich im Netz zu. Wieder andere buchen noch nicht einmal die Urlaubsreise übers Internet, weil sie nicht wollen, dass Online-Reisebüros ihre Daten bekommen. Diese sehr unterschiedlichen Verhaltensweisen im Netz sollte man akzeptieren, und man sollte alles dafür tun, dass sie auch weiterhin möglich sind: durch angemessenes Eigenverhalten, gesetzlichen Schutz, technische Hilfsmittel und serviceorientierte Internetunternehmen.

Problematisch wäre es, die Transparenz, die Internetportale wie die Enthüllungsplattform Wikileaks im politischen und wirtschaftlichen Bereich schaffen, auf die privaten Dinge im Leben des Einzelnen zu übertragen. Wikileaks stützt seine von Regierungen und Unternehmen gefürchteten Veröffentlichungen im Wesentlichen auf Material, das der Plattform aus dem inneren Kreis von Firmen oder Staatsführungen zugespielt wird. Soweit es um Einblicke in die internen Abläufe beim Militär, um Mitgliederlisten von Parteien oder interne Bankdokumente geht, leistet Wikileaks einen Beitrag zu mehr Transparenz bei Unternehmen und staatlichen Organisationen, die von vielen Menschen als übermächtig und wenig durchschaubar empfunden werden. Unabhängig davon muss aber in jedem einzelnen Fall die Frage nach der Rechtmäßigkeit der Veröffentlichung von Daten gestellt werden, die häufig unter Verstoß gegen Gesetze zu Wikileaks gekommen sind, ohne dies hier vertiefen zu wollen.

Mit Blick auf den Schutz privater Daten relevant ist die Kritik, die Wikileaks im Herbst 2010 wegen der Veröffentlichung von Kriegsdokumenten aus Afghanistan auf sich gezogen hat. Die Plattform hatte auf ihrer Webseite etwa 75 000 Dokumente veröffentlicht, die aus amerikanischen Quellen stammten, darunter Frontberichte von Soldaten und Geheimdienstmitarbeitern. Die Namen in diesen Berichten, darunter auch afghanische Informanten der alliierten Truppen, waren nicht geschwärzt worden. Nicht nur US-Militärs kritisierten diese ungeschützte Darstellung, durch die die betroffenen Afghanen in Lebensgefahr gebracht wurden; auch der Mitbegründer des Online-Lexikons Wikipedia (das trotz des ähnlichen Namens nichts mit Wikileaks zu tun hat), Jimmy Wales, kritisierte die Veröffentlichungspraxis als »verantwortungslos«. Dies ließ in der Fachwelt aufhorchen, da Wales einer der führenden Verfechter des freien Zugangs zu Informationen ist.

Hört man dem Wikileaks-Mitarbeiter Gudmundur Gudmundsson zu, bekommt man den Eindruck, als hätten sich die Aktivisten dort über solche »Nebenprodukte« ihrer Tätigkeit keine großen Gedanken gemacht. Gudmundsson sagte dem Fernsehsender Arte zur Veröffentlichung der Klarnamen der Afghanen, dass »vielleicht in diesem Fall die Verzögerung der Veröffentlichung um ein oder zwei Wochen eine moralische Angelegenheit gewesen wäre«, und schließt dann lapidar: »Vermutlich werden sie das Land wohl verlassen müssen.«[47] Besessen von dem Willen, tatsächliche oder angebliche Missstände aufzudecken, geht man über die Persönlichkeitsrechte Dritter einfach hinweg, als handele es sich um Sachschäden. Ist ein solcher Umgang mit den Rechten Dritter nicht der Machtmissbrauch, den Wikileaks bei anderen aufdecken will?

Die bittere Geschichte um die durch Wikileaks enttarnten Informanten zeigt auf dramatische Weise zweierlei.

Erstens: Der Schutz privater Daten ist nicht irgendeine Kleinigkeit. Wir haben es nicht mit dem Hobby von Bedenkenträgern zu tun, die verhindern wollen, dass die Weltöffentlichkeit erfährt, wie der Jägerzaun vor ihrem Haus aussieht. Es geht hier um Daten, deren Veröffentlichung im schlimmsten Fall tödlich enden kann. Eine Veröffentlichung zumal, der die Betroffenen schutzlos ausgeliefert sind. Bei der Preisgabe unserer Bankdaten, Partyfotos und ähnlicher privater Dinge geht es zwar um einen viel geringeren Einsatz, trotzdem ist es wichtig anzuerkennen, dass der Wunsch nach Transparenz, der (berechtigte) Wunsch nach Einblick in die Verhältnisse von Staat, Unternehmen und Institutionen, nicht jede Veröffentlichung rechtfertigt. Solange private Informationen dazu führen können, dass man im schlimmsten Fall um sein Leben fürchten muss und im weniger einschneidenden Fall vielleicht um seinen Job, solange Menschen bestimmte Informationen aus ihrem Privatleben als schützenswert oder peinlich empfinden, gibt es ein Recht auf Privatsphäre. Und diesem Recht muss auch in der technisch quasi grenzenlosen Gesellschaft zur Durchsetzung verholfen werden. Totale Transparenz in jedem Winkel menschlichen Zusammenlebens ist rechtsverletzend und führt zu einer Tyrannei der Offenheit.

Zweitens: Auch in Zukunft wird die Arbeit von gut ausgebildeten Journalisten nicht überflüssig werden. Wikileaks hat bisher wenig mehr getan, als das verfügbare Rohmaterial online zu stellen und mit verschiedenen

Redaktionen weltweit zu kooperieren (in Deutschland dem *Spiegel*), die das Material auswerteten und in eigene Berichte einfließen ließen. Nichtsdestotrotz stellte Wikileaks die kaum bearbeiteten Dokumente auch auf seine eigene Internetseite. Das ist kein Journalismus, sondern das Nutzen von Speicherplatz. Verantwortlicher Umgang mit sensiblen Daten erfordert die genaue Prüfung, was in welcher Form veröffentlicht werden kann, ohne die Rechte Dritter, die mit dem transparent gemachten Geschehen nur am Rande zu tun haben, zu verletzen. Insofern ist die bisherige Veröffentlichungspraxis von Wikileaks geradezu ein Plädoyer für verantwortungsvollen Journalismus, zu dem eben auch der sensible Umgang mit Daten gehört.

Wie die Justiz am Verfall der Privatsphäre mitwirkt

Es wäre verfehlt, würde man allein die Medien und das mediale Verhalten des modernen Menschen für den Verlust des Privaten verantwortlich machen. Eine immer größere Rolle in diesem Prozess spielen auch diejenigen, die eigentlich die Aufgabe haben, Fehlentwicklungen in der Gesellschaft zu korrigieren und den Persönlichkeitsschutz sicherzustellen: die Juristen. Da die Autoren dieses Buches ebenfalls diesem Berufsstand angehören, darf der Aspekt schon aus Gründen der Transparenz nicht unterschlagen werden.

Wie wir gesehen haben, ist das Recht auf Privatsphäre ein Teil des Persönlichkeitsrechts, welches das Bundesverfassungsgericht als eigenständiges Grundrecht aus den ersten beiden Grundgesetzartikeln abgeleitet hat, konkret aus der dort garantierten Menschenwürde und aus der allgemeinen Handlungsfreiheit des Menschen. Hergeleitet wird dieser Schutz vor Indiskretion aus dem Recht des Einzelnen, darüber zu bestimmen, inwiefern er öffentlich vorkommen möchte, etwa mittels Namensnennung oder Abbildung. Über fünfzig Jahre schützten die deutschen Gerichte diese wichtigen Rechtspositionen des Einzelnen durch unzählige Urteile.

Da die Sensationsgier der Medien immer weiterwuchs und damit zunehmend auch völlig unbekannte Personen ins Blickfeld der Öffentlichkeit gerieten, stieg seit den neunziger Jahren die Zahl der vor den Pressekammern der Gerichte verhandelten Fälle. Immer mehr Betroffene setzen ihre Persönlichkeitsrechte notfalls juristisch durch. Die Menschen sind aufgeklärter und wissen heute besser als früher, dass man mit anwaltlicher Hilfe etwa bei einem Schicksalsschlag Schutz vor der Medienmeute bekommen kann.

Wegen der zu beobachtenden Verrohung wurde Anfang des neuen Jahrtausends die Gesetzeslage für die Medien nicht unwesentlich verschärft. So stärkte der Europäische Gerichtshof für Menschenrechte in Straßburg im Jahr 2004 den Bildnisschutz von Prominenten und schrieb den deutschen Gerichten ins Stammbuch, dass die Veröffentlichung von Fotos aus dem privaten Alltag Prominenter, die allein der Befriedigung der Sensationsgier dienen, nicht mehr zulässig sei. Bis dato hatten deutsche Gerichte Bilder, die Prominente im öffentlichen Raum, etwa beim Spazierengehen, beim Kinobesuch oder im Urlaub zeigten, für zulässig gehalten. Der Bereich, der sich als privater Alltag im öffentlichen Raum zusammenfassen lässt, galt dem Bundesverfassungsgericht als für Prominente nicht schützenswerter Raum. Als unzulässig galten bis zu dieser Entscheidung aus Straßburg nur Fotografien aus dem Bereich der eigenen vier Wände oder wenn Prominente sich in der Öffentlichkeit erkennbar zurückzogen, etwa sich in einem Café bewusst in eine Ecke setzten. Die zunehmenden Übergriffe durch Paparazzi, die zu einer teilweise unerträglichen Einschränkung an Lebensqualität führten, vielleicht auch das Beispiel der Verfolgung Lady Dianas durch Paparazzi kurz vor ihrem Tod, führten auf europäischer Ebene zu einem Umdenken. Der Europäische Gerichtshof für Menschenrechte sah in der beschriebenen Abbildungsfreiheit nach deutschem Recht einen Verstoß gegen die Europäische Menschenrechtskonvention und wies die deutschen Gerichte an, diesen Zustand zu ändern.

In der Folge übernahm der Bundesgerichtshof diese Rechtsprechung und verschärfte 2007 die Rechtslage in Deutschland dahingehend, dass beispielsweise ein prominenter Fußballspieler nicht mehr dulden muss, bei einem Spaziergang in St. Tropez abgelichtet zu werden, wenn damit kein über den Abbildungsgegenstand hinausgehender Informationswert verbunden ist, sprich, wenn der Leser damit nichts über den Fitnesszustand des Spielers, einen etwaig geplanten Vereinswechsel oder dergleichen erfährt. Ebenso sah der Bundesgerichtshof Fotos von Sabine Christiansen beim Einkaufen in Mallorca oder von Herbert Grönemeyer mit seiner Freundin beim Spaziergang in Rom als unzulässig an. Für die Yellow Press war diese Einschränkung nicht unerheblich, denn solche Bilder von deutschen Prominenten in privaten Situationen hatten bis zu dem Urteil viele Seiten der bunten Magazine gefüllt.

Der deutsche Gesetzgeber verschärfte die Rechtslage aber auch für Nicht-Prominente. So führten die sich häufenden Belästigungen durch Spanner mit Handykameras zu einer Verschärfung des Strafgesetzbuches. Immer öfter waren nämlich Fotos aus den Umkleidekabinen öffentlicher Schwimmbäder oder aus Sonnenstudios im Netz aufgetaucht, ohne dass die Abgebildeten bemerkt hätten, dass sie fotografiert oder gefilmt worden waren. Teilweise entstanden solche Bilder aus Rache an einem Expartner; es gab aber auch pornographische Webseiten, die sie zur »Unterhaltung« ihrer Nutzer einstellten. Um dem Einhalt zu gebieten, schuf man den neuen § 201a StGB, der unter der Überschrift »Verletzung des höchstpersönlichen Lebensbereichs durch Bildaufnahmen« bereits das bloße Herstellen von Fotos aus dem Bereich der Privatsphäre als strafbar erachtet.

So weit, so gut für die Privatsphäre. Doch jeder Bewegung folgt eine Gegenbewegung. Der Bundesgerichtshof überraschte in den letzten Jahren mit einigen Entscheidungen, die den Schutz des Einzelnen hintan stellen, etwa mit dem sogenannten »Spickmich«-Urteil. Nach Auffassung des BGH und auch des Bundesverfassungsgerichts ist es nunmehr zulässig, im Internet Lehrer namentlich zu nennen und zu bewerten. In ähnlicher Weise hat das Landgericht Hamburg inzwischen auch ein Arztbewertungsportal beurteilt. Das ist deswegen bemerkenswert, weil es seit Jahrzehnten als grundsätzlich unzulässig galt, Menschen, die keine Personen der Zeitgeschichte sind, in der Öffentlichkeit, insbesondere in den Medien, namentlich zu erwähnen – es sei denn, es bestand ein überragendes Informationsinteresse, zum Beispiel weil eine bis dahin öffentlich unbekannte Person in einen politischen Skandal verwickelt worden war.

Mit der Rechtsprechung der Gerichte zu Bewertungsportalen einher geht die neuerliche Aufweichung des Rechts am eigenen Bild. Während der Bundesgerichtshof noch unmittelbar nach dem Urteil des Europäischen Gerichtshofs für Menschenrechte insbesondere auch Prominente vor ungehinderter Bildberichterstattung aus ihrem Privatleben geschützt hatte, ist man von dieser Rechtsprechung inzwischen teilweise wieder abgerückt. So hielt der Bundesgerichtshof den Abdruck von Urlaubsfotos von Prinzessin Caroline von Monaco für zulässig, wenn die Bildunterschrift darauf hinweise, dass die Prinzessin sich im Urlaub befinde, obwohl ihr Vater in Monaco schwer erkrankt sei. Mit Blick auf den Umstand, dass es sich um den regierenden Fürsten eines Staates handele, sei das Verhalten von dessen Tochter während dessen Erkrankung zeitgeschichtlich relevant. Auch die von ihrer Koalition in vier Wahlgängen nicht gewählte frühere Ministerpräsidentin von Schleswig-Holstein, Heide Simonis, musste plötzlich dulden, dass man sie kurz nach der Wahlschlappe beim privaten Shopping in Kaufhäusern zeigte. Auch hier nahm das Gericht an, dass noch ein zeitlich naher Zusammenhang zur Nicht-Wahl, die großes öffentliches Interesse erregt hatte, bestehe. Daher müsse bebildert werden können, was die gescheiterte Politikerin nach dem Ausscheiden aus dem Amt mache. Genauso wurden Bilder von Joschka Fischer beim Blumengießen auf seinem privaten Balkon für akzeptabel befunden. Möglicherweise waren die deutschen Gerichte mit den eigentlich verpflichtenden Vorgaben aus Straßburg doch nicht so ganz einverstanden und versuchten nun, Korrekturen vorzunehmen, um sich nicht vorwerfen lassen zu müssen, die Pressefreiheit zu stark einzuschränken.

Noch erstaunlicher ist, dass der neue Präsident des Bundesverfassungsgerichts, Andreas Voßkuhle, im November 2010 dafür plädierte, das grundsätzliche Verbot von Kameras in Gerichtssälen aufzuheben, damit Verhandlungen künftig live im Fernsehen übertragen werden könnten. Er stellte damit eine Tradition infrage, die ihre guten Gründe hat: Opfer von Straftaten sollen vor unnötiger Stigmatisierung geschützt werden, die Angeklagten vor medialer Vorverurteilung. Glücklicherweise stieß der höchste deutsche Richter mit diesem Vorstoß auf mannigfaltige Kritik, teilweise erntete er auch nur Kopfschütteln. Der Präsident des Bundesgerichthofes, Klaus Tolksdorf, hielt jedenfalls in der *Süddeutschen Zeitung* vom 29. November 2010 dagegen: »Wir wollen keine Schauprozesse.«

Neben diesen Verschiebungen in der Spruchpraxis der Gerichte ist auch eine Änderung im Verhalten der anderen Akteure innerhalb der Justizmaschinerie festzustellen, nämlich bei Staatsanwälten und Rechtsanwälten.

Staatsanwaltschaften galten hinsichtlich ihrer Öffentlichkeitsarbeit über Jahrzehnte als äußerst zurückhaltende, ja vorsichtige Behörden. Nicht selten wurden Anfragen von Journalisten im Zusammenhang mit Ermittlungsverfahren gar nicht beantwortet. Und das geschah nicht von ungefähr. Zwar bestimmt das Pressegesetz der jeweiligen Bundesländer, dass die Behörden den Journalisten gegenüber auskunftspflichtig sind, gleichzeitig heißt es dort aber, das Informationsinteresse der Öffentlichkeit müsse abgewogen werden gegen den Schutz der Privatsphäre der von der Auskunft Betroffenen. Nach der damaligen Rechtspraxis gaben die Staatsanwaltschaften nur bei besonders spektakulären Straftaten Namen von Beschuldigten preis. Auch Prominente mussten während des bloßen Ermittlungsverfahrens zu Beginn einer Verdachtslage nicht damit rechnen, dass ihre möglichen Verfehlungen gleich gegenüber den Medien bestätigt wurden.

Dies hat sich geändert. Die Staatsanwaltschaften haben bei ihrer Pressearbeit aufgerüstet. So wurde im Fall Kachelmann von der Staatsanwaltschaft nach der Verhaftung eine Pressemeldung herausgegeben, in der von der Festnahme eines Moderators gesprochen wurde. Es dauerte dann nur wenige Minuten, bis die Boulevardpresse wusste, dass es sich um Jörg Kachelmann handelte. Auch im Fall der wegen des Verdachts der Körperverletzung festgenommenen No-Angels-Sängerin Nadja Benaissa gab die Staatsanwaltschaft eine Pressemeldung heraus und löste damit eine geradezu mittelalterliche mediale Hexenjagd aus, die einer Vorverurteilung der Künstlerin gleichkam. Damit nicht genug: Der Pressesprecher der Staatsanwaltschaft Darmstadt, die für die Festnahme der Sängerin zuständig war, gab Fernsehsendungen wie »RTL Exclusiv« in der Folge regelmäßig Interviews, in denen er sich detailliert zum Geschlechtsleben der Verhafteten äußerte.

Was sind die Gründe für diese Entwicklung? Ein zentrales Stichwort in diesem Zusammenhang ist der aus Amerika stammende Begriff »Litigation-PR«. Man versteht darunter die Begleitung spektakulärer Straf- oder auch Zivilverfahren durch PR-Profis, die die Prozessbeteiligten darin schulen, wie sie durch Öffentlichkeitsarbeit das Bestmögliche für sich oder ihre Klienten herausholen können. Das heißt, der Strafverteidiger oder auch Zivilanwalt bearbeitet nicht nur den konkreten Fall und vertritt die Interessen seines Mandanten vor Gericht, sondern fungiert außerdem als eine Art Pressesprecher und versorgt parallel zum Verfahren die Medien mit Informationen, die diese für den jeweiligen Mandanten vereinnahmen sollen. Es liegt auf der Hand, dass die Staatsanwaltschaften bei dieser Entwicklung nicht mehr einfach nur zusehen wollten, schließlich wären sonst immer nur die Strafverteidiger in den Medien zu Wort gekommen und hätten ihre Sicht der Dinge im Interesse des Mandanten geschildert. Insofern erklärt sich, dass die Staatsanwaltschaften neuerdings die Medien nicht nur unmittelbar nach einer Verhaftung informieren, insbesondere bei prominenten Beschuldigten, sondern diese auch während des Verfahrens regelmäßig mit Informationen versorgen.

Einem solchen Vorgehen liegt aber ein eklatantes Fehlverständnis der Rolle der Staatsanwaltschaften im Rechtsstaat zugrunde. Während Rechtsanwälte und Strafverteidiger einseitige Interessenvertreter ihrer Mandanten sind und die unbedingte Pflicht haben, alles Denkbare zu tun, um diese erfolgreich zu vertreten, sind die Staatsanwaltschaften eine neutrale Behörde, die Be- sowie Entlastendes zu berücksichtigen hat. Zur unbedingten Fürsorgepflicht des Staates gegenüber dem Beschuldigten, später Angeklagten gehört selbstverständlich auch, ihn vor ungehinderter Presseberichterstattung zu bewahren, damit es nicht zu einer Medienhatz und Vorverurteilung kommt. In zahlreichen Fällen in der Vergangenheit, in denen dies nicht gelungen war, stellten die Gerichte bei der Strafzumessung dann auch fest, dass durch die mediale Vorverurteilung – nicht selten befördert durch die Pressearbeit der betreffenden Staatsanwaltschaft – bereits eine Teilbuße geleistet worden sei, so dass die Strafe milder ausfallen müsse. So hat beispielsweise das Landgericht Bochum bei der Strafzumessung für den angeklagten Expostchef Klaus Zumwinkel argumentiert.

Gerade die Berufsgruppe der Juristen sollte nicht dazu beitragen, dass die Spirale sich unermüdlich weiterdreht und alles Private zum vermarktbaren Gut wird. Sie sollte vielmehr das schützen, wofür sie zuständig ist: den Menschen und das ihm zustehende Recht auf eine Privatsphäre. Oft sind es überhaupt nur noch die Rechtsanwälte und Gerichte, die den Einzelnen mittels zivilrechtlicher

Verfahren vor der ungehinderten Veröffentlichung von rechtlich unzulässigen Fotos und Details aus dem Intim- und Privatleben bewahren können. Hierauf sollten sich die Akteure in der Justiz wieder beschränken, anstatt durch ausgeklügelte PR-Strategien dazu beizutragen, dass die beschriebene Fehlentwicklung voranschreitet.

Auch die Gerichte müssen ihre Spruchpraxis überdenken, insbesondere was Bewertungsportale im Internet angeht. Warum man den Schutz von Betroffenen hier jetzt aufgibt, ist nicht recht nachvollziehbar. Möglicherweise spielt die normative Kraft des Faktischen eine Rolle. Da im Internet immer mehr Bewertungsportale entstanden sind, in denen jeder jeden bewerten kann, gelangten die deutschen Gerichte offenbar zu der Erkenntnis, dass dies dann wohl auch irgendwie zulässig sein müsse. Vor dieser Einschätzung muss aber eindringlich gewarnt werden. Dass die Technik bestimmte Dinge ermöglicht, heißt nicht, dass plötzlich alles Denkbare auch rechtlich zulässig ist. Im Gegenteil: Die unbegrenzten Möglichkeiten des weltweiten Netzes müssen von Gerichten begrenzt werden, um das Individuum zu schützen.

Der für das Persönlichkeitsrecht höchste deutsche Richter, der Verfassungsrichter Johannes Masing, begründete demgegenüber die Zulässigkeit von Bewertungsportalen konkret im Fall von Lehrern damit, dass das Grundrecht der Meinungsfreiheit auch »irrationale polemische, subjektive und unfaire Äußerungen« erlaube und die Grenze hier nur bei der Ehrabschneiderei liege.[48] Der Grundsatz der Meinungsfreiheit müsse auch für Bewertungsportale gelten, selbst anonyme Bewertungen müssten also bis zu einem gewissen Grad schlicht ertragen werden. Diese Auffassung verkennt aber die Unterschiede zwischen redaktioneller Berichterstattung in der Tagespresse und anonymen, teilweise schmähenden Bewertungen auf Internetplattformen. Unberücksichtigt bleibt weiterhin, dass der Meinungsfreiheit das Recht des Einzelnen gegenübersteht, grundsätzlich selbst darüber zu befinden, ob er öffentlich stattfindet, es sei denn, er ist eine Person der Zeitgeschichte. Auch die Fälle von Schülermobbing im Internet, die zu Selbstmorden und Schlägereien unter Schülern geführt haben, machen diese gefährliche Entwicklung deutlich. Ein einseitiges Abstellen auf die Meinungsfreiheit ist vor diesem Hintergrund fatal. Das Recht des Individuums auf Anonymität muss bei den Urteilen wieder in den Blickpunkt der Richter geraten. Verpasst man hier den richtigen Zeitpunkt, lässt sich ein Schutz vor Schmähungen, Internetmobbing und Schlimmerem nicht mehr sicherstellen. Die Zeit drängt, dass ein Umdenken einsetzt.

Schlussbemerkung

Ist das Ende der Privatsphäre also da? Sind es bald nur noch ein paar Nostalgiker, die in Zeiten grenzenloser öffentlicher Selbstdarstellung und medialer Entblößung die Fahne des Privaten hochhalten? Noch ist es nicht so weit, und wir sollten endlich offen darüber sprechen, was wir verlieren können. Es steht nicht gut um das Recht auf Privatheit, das Recht auf Rückzug in einen vor anderen geschützten Bereich – einen lange erkämpften und über viele Jahre verteidigten Wert unserer Gesellschaft. Medien wie das Fernsehen und insbesondere auch das Internet haben unser Recht auf Privatheit zurückgedrängt – und wir alle sind daran beteiligt.

Was in der Gesellschaft bisher völlig fehlt, ist eine vorurteilsfreie, breite Diskussion darüber, was Privatheit im digitalen Zeitalter noch bedeuten kann und wie viel Privatsphäre wir uns eigentlich wünschen. Niemand will die Errungenschaften des Internets und der damit verbundenen Dienste abschaffen oder grundsätzlich einschränken. Wenn diese aber ermöglichen, dass wir auf spielend einfachem Weg private Daten von uns preisgeben, die wir vor zehn oder fünfzehn Jahren niemandem außerhalb unseres Freundeskreises mitgeteilt hätten, tut Aufklärung dringend not.

Erst wenn sich bei den Menschen die Erkenntnis durchgesetzt hat, dass Daten im Netz mit hoher Wahrscheinlichkeit nicht löschbar sind, erst dann kann jeder

Einzelne eigenverantwortlich entscheiden, wie viel Privatheit er sich wünscht und ob er ein – mehr oder weniger – öffentliches Leben führen will. Dazwischen gibt es viele Möglichkeiten. Jeder muss selbst definieren, welche Bereiche seines Lebens er sich und seiner Familie oder seinen Freunden vorbehalten und welche Bereiche er öffentlich machen will.

Zweifellos unterliegen diese Vorstellungen einem Wandel in Zeit und technischer Entwicklung. Bei privaten Fernsehsendern sind Menschen heute bereit, ihr gesamtes Privatleben auszustellen, wenn sie dafür eine kleine Gage bekommen oder die Möglichkeit erhalten, für einen kurzen Moment berühmt zu sein. In sozialen Netzwerken teilen Millionen von Deutschen ihre Vorlieben und Hobbys mit anderen – und zwar nicht anonym, sondern unter ihrem richtigen Namen. Ganze Persönlichkeitsprofile entstehen so. Das alles hat auch damit zu tun, dass viele Aspekte des eigenen Lebens eben nicht mehr als so privat angesehen werden, als dass man sie nicht mit Dritten teilen könnte.

Trotzdem haben die allermeisten Menschen ihre persönliche Schamgrenze. Die Grundlage einer Entscheidung für oder gegen die Feststellung »Das ist privat« kann aber nur derjenige treffen, der weiß, welche Folgen mit der Preisgabe der Daten verbunden sind. Die Erfahrungen aus der anwaltlichen Praxis mit Menschen, die mehr von sich offengelegt haben, als sie eigentlich gewollt hätten, wenn ihnen die Konsequenzen bewusst gewesen wären, zeigt, dass der Wunsch nach Privatheit, nach einem geschützten Raum weiterhin existiert. Dieser Wunsch ist offenbar ein grundlegendes menschliches Bedürfnis, das es unbedingt zu respektieren gilt.

Privatsphäre ist ein zerbrechliches Gut. Sie kann von uns selbst und von Dritten mit leichter Hand zerstört werden, mit einem Klick, innerhalb von Sekunden mit dem Hochladen eines Fotos, mit dem Einstellen einer Nachricht in ein soziales Netzwerk, mit dem Senden eines Beitrags über das Privat- oder Intimleben einer Person. Je leichter wir Privatsphäre zerstören können, desto sorgsamer sollten wir alle mit diesem Gut umgehen.

Entscheidende Erkenntnis ist, dass der beste Schutz der Privatsphäre immer noch vom Einzelnen selbst ausgeht. Wir haben es selbst in der Hand, was wir von uns preisgeben und was nicht.

Anmerkungen

1 Übersetzung durch die Autoren; der Originaltext ist im Internet abrufbar unter http://groups.csail.mit.edu/mac/classes/6.805/articles/privacy/Privacy_brand_warr2.html
2 Das Verfassungsgerichtsurteil ist im Internet abrufbar unter http://www.telemedicus.info/urteile/Datenschutzrecht/88-BVerfG-Az-1-BvR-209,-269,-362,-420,-440,-48483-Volkszaehlungsurteil.html
3 Name geändert
4 Name geändert
5 Ortsnamen und Alter zum Schutz der Betroffenen entfernt
6 *New York Times*, 2. 10. 2010
7 Zitiert nach: Bernhard Pörksen/Wolfgang Krischke (Hg.): *Die Casting-Gesellschaft. Die Sucht nach Aufmerksamkeit und das Tribunal der Medien*, Köln 2010, S. 205
8 Im Internet abrufbar unter http://wirres.net/article/articleview/5667/1/6
9 Zitiert nach: Pörksen/Krischke (Hg.): *Die Casting-Gesellschaft*, S. 205
10 Name und persönliche Daten verfremdet
11 Mario Gmür: *Der öffentliche Mensch. Medienstars und Medienopfer*, München 2004, S. 192
12 Ebd., S. 191
13 Zitiert nach: Pörksen/Krischke (Hg.): *Die Casting-Gesellschaft*, S. 284
14 Zitiert nach: Tina Rohowski: *Das Private in der Politik. Politiker-Homestories in der deutschen Unterhaltungspresse*, Wiesbaden 2009, S. 34
15 Zitiert nach: ebd.

16 Zitiert nach: Pörksen/Krischke (Hg.): *Die Casting-Gesellschaft*, S. 287
17 »Wer hat Angst vor Jörg Kachelmann?«, *SZ-Magazin*, Heft 34/2010
18 Der Pressekodex ist im Internet abrufbar unter www.presserat.de.
19 Kerstin Dombrowski: *Titten, Tiere, Tränen, Tote. Eine Boulevard-Journalistin auf der Jagd*, Reinbek bei Hamburg 2008, S. 55
20 Ebd.
21 Gemeint ist der Journalist.
22 Markus Grimm/Martin Kesici: *Sex, Drugs & Castingshows. Die Wahrheit über DSDS, Popstars & Co. Zwei Gewinner packen aus*, München 2009, S. 80
23 Ebd., S. 85
24 Zitiert nach: www.sueddeutsche.de/politik/guettenbergs-erklaerung-im-wort laut-ich-habe-die-grenzen-meiner-kraefte-erreicht-1.1066386
25 Vgl. »Die Fabrik des deutschen Nachmittags«, *Die Zeit*, 44/1997
26 Zitiert nach: Pörksen/Krischke (Hg.): *Die Casting-Gesellschaft*, S. 262
27 Ebd., S. 263
28 Grimm/Kesici: *Sex, Drugs & Castingshows*, S. 82
29 Pörksen/Krischke (Hg.): *Die Casting-Gesellschaft*, S. 21
30 Zitiert nach ebd., S. 199
31 Grimm/Kesici: *Sex, Drugs & Castingshows*, S. 151
32 Pörksen/Krischke (Hg.): *Die Casting-Gesellschaft*, S. 30
33 Zitiert nach ebd., S. 251
34 Zitiert nach ebd., S. 42
35 Name und persönliche Daten verfremdet
36 Name geändert
37 Zitiert nach: Tina Schober: *Die Opfer einer Doku-Soap*, 16. 12. 2009, abrufbar unter www.ndr.de
38 Vgl. Pörksen/Krischke (Hg.): *Die Casting-Gesellschaft*, S. 65
39 Zitiert nach ebd., S. 63
40 Ebd.
41 Hans-Jürgen Jakobs: *Scripted Reality. Fast ein klassisches Drama*, 16. 10. 2010, im Internet abrufbar unter www.sueddeutsche.de

42 Name geändert
43 Zitiert nach der Pressemeldung des Landgerichts Mannheim vom 31.5.2011
44 Kai-Hinrich Renner/Tim Renner: *Digital ist besser. Warum das Abendland auch durch das Internet nicht untergehen wird*, Frankfurt am Main 2011, S. 203
45 Constanze Kurz/Frank Riger: *Die Datenfresser. Wie Internetfirmen und Staat sich unsere persönlichen Daten einverleiben und wie wir die Kontrolle darüber zurückerlangen*. Frankfurt 2011, S. 247
46 »Eine Frage des (Ver)Trauens«, *SZ-Magazin*, Heft 31/2010
47 Arte-Europamagazin »Yourope« vom 13. März 2011
48 *Süddeutsche Zeitung*, 11.5.2011

Literatur

Dombrowski, Kerstin: *Titten, Tiere, Tränen, Tote. Eine Boulevard-Jounalisten auf der Jagd.* Hamburg 2008

Gmür, Mario: *Der öffentliche Mensch: Medienstars und Medienopfer.* München2002

Grimm, Markus/Kesici, Martin: *Sex, Drugs & Castingshows. Die Wahrheit über DSDS, Popstars & Co.* München 2009

Kurz, Constanze/Rieger, Frank: *Die Datenfresser. Wie Internerfirmen und Staat sich unsere persönlichen Daten einverleiben und wie wir die Kontrolle darüber zurückerlangen.* Frankfurt 2011

Pörksen, Bernhard/Krischke, Wolfgang (Hrsg.): *Die Casting-Gesellschaft. Die Sucht nach Aufmerksamkeit und das Tribunal der Medien.* Köln 2010

Renner, Kai-Hinrich/Renner, Tim: *Digital ist besser.* Frankfurt 2011

Rohowski, Tina: *Das Private in der Politik. Politiker-Homestories in der deutschen Unterhaltungspresse.* Wiebaden 2009

Achim Peters

Das *ego*istische Gehirn

Warum unser Kopf Diäten sabotiert und
gegen den eigenen Körper kämpft
336 Seiten. Gebunden mit Schutzumschlag
ISBN 978-3-550-08854-4

Übergewicht beginnt im Kopf

Sie glauben, Sie wären schuld an Ihrem Übergewicht? Sie sind es nicht. Verantwortlich ist der Energiebedarf Ihres Gehirns. Es ist ein Despot, der bestimmt, wann und wie viel wir essen. Kommt es in Versorgungsnot, können wir noch so entschlossen sein, eine Diät einzuhalten – unser egoistisches Gehirn wird etwas dagegen haben und seine Energieansprüche sogar gegen unseren Willen durchzusetzen. Das hat der Hirnforscher und Internist Professor Dr. Achim Peters in weltweit anerkannten Studien nachgewiesen. In diesem Buch erklärt er erstmals die Zusammenhänge von Stress, Übergewicht und Emotionen. Und er zeigt, warum das Gehirn der Schlüssel für erfolgreiche Therapien sein kann.

»Achim Peters zeigt uns, wie unsere Biologie unsere Psyche bestimmt und umgekehrt. Ein erhellendes Buch.« *Richard David Precht*

Terry Eagleton
Das Böse

Aus dem Englischen von Hainer Kober
224 Seiten. Gebunden mit Schutzumschlag
ISBN 978-3-550-08830-8
www.ullstein-verlag.de

Was ist das Böse und wozu ist es gut?

Das Böse – warum fasziniert es uns und stößt uns zugleich ab? Gibt es das absolute Böse? Sind Terroristen unmenschliche Monster? Gibt es so etwas wie Sünde? Werden wir böse geboren, oder macht uns erst die Gesellschaft zu Übeltätern? Terry Eagleton, überzeugter Marxist und bekennender Katholik, geht dem Phänomen des Bösen auf den Grund. Dabei zieht er Augustinus und die Bibel ebenso heran wie Sigmund Freud, Hannah Arendt, Thomas Mann, William Shakespeare und die Daily Mail.

Brillant, scharfsinnig und originell legt Eagleton dar, dass das Böse nihilistisch und selbstzerstörerisch ist und dass abstrakte Ideengebäude zwar das Gute wollen, aber meist das Schlechte erschaffen. Eagleton liefert keine vorgefertigte Definition des Bösen. Vielmehr lädt er die Leser zum Mitdenken ein.

David Berger
Der heilige Schein

Als schwuler Theologe in der katholischen Kirche
304 Seiten. Gebunden mit Schutzumschlag
ISBN 978-3-550-08855-1

Schwarzbuch katholische Kirche

David Berger ist schwul. Führende Kirchenvertreter nutzten seine sexuelle Orientierung, um ihn auf Spur zu halten. Jetzt deckt der hochrangige Theologe auf, was sich in den erzkonservativen Kreisen der katholischen Kirche abspielt. Ein Buch, das in eine Welt voller Lügen führt und einen Schlüssel zu den gegenwärtigen Skandalen liefert.

»David Berger bringt den Vatikan mit einem Bekenntnisbuch in die Bredouille.« *FAZ*

»Hochbrisante Enthüllungen.« *Deutsche Welle*

»Dieses Buch gehört zum Unglaublichsten, was derzeit über die katholische Kirche zu lesen ist.« *Die Zeit*

»*Der heilige Schein* trifft den Nerv der Kleriker-Kirche und des Ratzinger-Pontifikats.« *Tages-Anzeiger*